贵州省科技计划项目（黔科合基础[2016]1528-1号）资助

# 中国连片特困地区旅游景区发展报告

## （2016）

宁志中　王　露　姚　旻　等◎著

科学出版社

北　京

# 内 容 简 介

当前，旅游业已成为国民经济的战略性支柱产业，其资源消耗低、带动系数大、就业机会多、综合效益好的产业特点使旅游扶贫成为国家扶贫开发战略的重要组成部分。

本书依据国家旅游局发布的《2015年中国旅游景区发展报告》相关数据，对中国连片特困地区旅游景区的发展情况进行全面分析，客观评价了旅游景区在贫困区扶贫脱贫攻坚战中取得的成效，为推动中国连片特困地区旅游景区发展与相关扶贫政策制订提供参考依据。

本书可供大中专院校旅游专业师生、旅游行业从业者（旅游规划、旅行社等）、相关物价统计部门从业人员阅读，也可为旅游管理部门制订决策提供依据。

**图书在版编目（CIP）数据**

中国连片特困地区旅游景区发展报告.2016/ 宁志中等著. —北京：科学出版社，2017.4
ISBN 978-7-03-052045-6

Ⅰ. ①中… Ⅱ. ①宁… Ⅲ. ①贫困区-旅游区-经济发展-研究报告-中国-2016 Ⅳ. ①F592.7

中国版本图书馆 CIP 数据核字（2017）第 042616 号

责任编辑：石 卉 程 凤 / 责任校对：张小霞
责任印制：张 伟 / 封面设计：有道文化

科 学 出 版 社 出版
北京东黄城根北街 16 号
邮政编码：100717
http://www.sciencep.com

北京教图印刷有限公司 印刷
科学出版社发行 各地新华书店经销

*

2017 年 4 月第 一 版 开本：B5（720×1000）
2017 年 4 月第一次印刷 印张：15 1/4
字数：292 000
定价：78.00 元

（如有印装质量问题，我社负责调换）

前言

　　改革开放以来，伴随着经济高速增长和大规模、有组织的国家扶贫行动，我国反贫困工作取得了举世瞩目的成就，以农村现行贫困标准衡量，农村贫困人口减少 7 亿。但国家统计局发布的《2015 年国民经济和社会发展统计公报》显示，2015 年我国农村贫困人口仍有 5575 万。2012 年，国务院扶贫办根据《中国农村扶贫开发纲要（2011—2020 年）》精神，按照"集中连片、突出重点、全国统筹、区划完整"的原则，以 2007～2009 年 3 年的人均县域国内生产总值、人均县域财政一般预算收入、县域农民人均纯收入等与贫困程度高度相关的指标为基本依据，考虑对革命老区、民族地区、边疆地区加大扶持力度的要求，在全国共划分了六盘山区、秦巴山区、武陵山区、乌蒙山区、滇桂黔石漠化区、滇西边境山区、大兴安岭南麓山区、燕山—太行山区、吕梁山区、大别山区、罗霄山区 11 个集中连片特殊困难地区，加上已明确实施特殊扶持政策的西藏区、四省藏区、新疆南疆三地州，共 14 个片区，680 个县，作为新阶段扶贫攻坚的主战场①。

　　当前，旅游消费日益成为国民常态化生活方式，旅游业已成为国民经济的战略性支柱产业。其资源消耗低、带动系数大、就业机会多和综合效益好的产业特点也使旅游扶贫成为国家扶贫开发战略的重要组成部分。2015 年，

---

①　扶贫办关于公布全国连片特困地区分县名单的说明.http://www.gov.cn/gzdt/2012-06/14/content_2161045.htm[2017-2-10].

贫困地区的 A 级旅游景区延续了强劲的发展势头，在带动就业、引导投资、拉动消费、增加农民收入、解决"三农"问题和推动贫困地区经济社会发展等方面产生了显著的综合效益，成为推动我国贫困地区旅游业发展的重要支撑与旅游扶贫的重要载体。

本书依据国家旅游局发布的《2015 年中国旅游景区发展报告》相关数据，运用数理统计方法，对 2015 年全国贫困地区 A 级旅游景区的数量规模、游客接待量、旅游收入、旅游投资和旅游就业等五个方面的发展进行了总结，并对除西藏区外的 13 个片区[1]作了较详细的分析，客观评价了旅游景区在贫困区扶贫脱贫攻坚战中所取得的成效，为推动贫困地区旅游景区发展与相关扶贫政策制定提供参考依据。

本书编写组成员有宁志中、王露、姚昊、杨雪春、赵荣和杨蕾蕾，书中疏漏及不周之处在所难免，敬请读者批评指正。

---

[1] 本报告数据来源于国家旅游局景区管理系统，由于系统建设时间较短，景区存填报存在诸多问题，以西藏自治区最为明显，导致西藏区未纳入本报告的具体分析中，特此说明。

目录

# 第一章
## 中国贫困地区 A 级旅游景区总体发展情况

2015 年，我国 14 个集中连片特困地区共有 A 级旅游景区 1092 家，占全国 A 级旅游景区总量的 13.7%；共接待游客 4.0 亿人次，占全国 A 级旅游景区游客接待总量的 10.6%，其中免票游客接待总量为 15 808.6 万人次，占全国 A 级旅游景区免票游客接待总量的 9.4%。2015 年，14 个集中连片特困地区 A 级景区实现旅游总收入 670.3 亿元，占全国 A 级旅游景区旅游总收入的 19.3%，实现景区平均收入 6138.4 万元，较全国平均水平高 1762.8 万元；2015 年共吸纳固定就业 130 511 人，占全国 A 级旅游景区固定就业人数的 10.6%，实现景区平均固定就业 120 人，较全国平均水平少 35 人。2015 年，14 个集中连片特困地区 A 级旅游景区建设投资额为 299.8 亿元，实现景区平均建设投资 2745.1 万元，较全国平均水平低 363.7 万元。

# 第一节 景区规模发展情况

## 一、景区数量较少，低于全国平均水平

2015 年，全国 14 个集中连片特困地区共有 A 级旅游景区 1092 家，平均 1.6 家/县，远低于全国 2.8 家/县的平均水平。

## 二、景区等级呈"中间大两头小"的橄榄形结构

2015 年，全国 14 个集中连片特困地区的所有 A 级旅游景区中，2A、3A、4A 三个等级景区的总数量为 1045 家，占区域 A 级景区总量的 95.7%，其中 3A 级景区为 387 家，占比为 35.4%；4A 级景区为 358 家，占比为 32.8%；2A 级景区为 300 家，占比为 27.5%。而 1A、5A 两个等级景区占比均低于 5.0%，其中 5A 级景区为 35 家，占比为 3.2%；1A 级景区为 12 家，占比为 1.1%（图 1-1）。

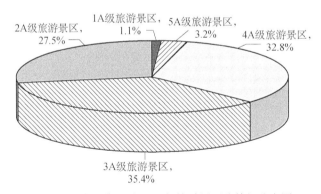

图 1-1 中国贫困地区 A 级旅游景区分等级分布图

## 三、景区类型以自然景观、历史文化、度假休闲为主

2015 年，全国 14 个集中连片特困地区的 A 级旅游景区中，自然景观类、历史文化类和度假休闲类景区共 793 家，占区域 A 级旅游景区总量的 72.6%，其中自然景观类 A 级旅游景区为 443 个，占比为 40.6%；历史文化类 A 级景

区为 206 个，占比为 18.9%；度假休闲类 A 级景区为 144 个，占比为 13.2%。工业旅游类与科技教育类 A 级景区数量最少，分别为 10 个和 3 个，占比仅为 0.9%和 0.3%（图 1-2）。

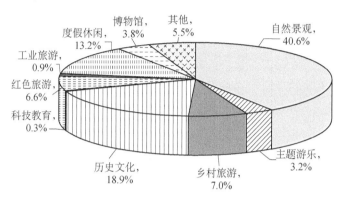

图 1-2　中国贫困地区 A 级旅游景区分类型分布图

## 四、秦巴山区分布最多，西藏区和吕梁山区分布最少

2015 年，全国 14 个集中连片特困地区的 A 级旅游景区中数量最多的是秦巴山区，共计 205 家，占到区域 A 级旅游景区总量的 18.8%；其次是武陵山区、大别山区和六盘山区，景区数量分别为 152 家、129 家和 117 家，占比分别为 13.9%、11.8%和 10.7%；西藏区和吕梁山区景区数量最少，分别为 10 家和 6 家，占比分别为 0.9%和 0.5%（图 1-3）。

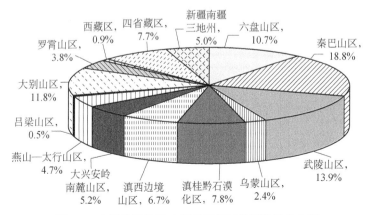

图 1-3　中国贫困地区 A 级旅游景区分区数量分布图

## 第二节 景区游客接待情况

### 一、4A 级旅游景区游客接待总量最多，1A 级旅游景区最少

2015 年，全国 14 个集中连片特困地区的所有 A 级旅游景区中，4A 级旅游景区的游客接待总量最多，为 18 878.4 万人次，占区域 A 级旅游景区游客接待总量的 47.3%；其次是 3A 级和 5A 级旅游景区，2015 年游客接待总量分别为 8733.6 万人次和 8072.5 万人次，占区域 A 级景区游客接待总量的比重分别为 21.8% 和 20.2%。1A 级旅游景区游客接待总量最少，仅 70.8 万人，占区域 A 级旅游景区游客总量的比重约 0.2%（图 1-4）。

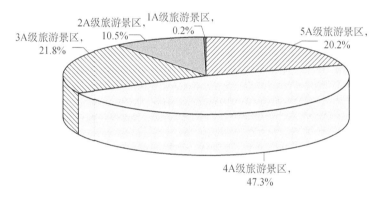

图 1-4 中国贫困地区 A 级旅游景区游客接待量分等级分布图

### 二、景区游客平均接待水平与景区等级成正比

2015 年，全国 14 个集中连片特困地区的所有 A 级旅游景区中，5A 级旅游景区平均接待量为 230.6 万人次，居于区域各 A 级旅游景区平均接待量的第一位；其次为 4A 级旅游景区，其平均游客接待量为 52.7 万人次。2A 级、1A 级旅游景区平均游客接待量较少，分别为 14.0 万人次和 5.9 万人次，远低于高 A 级景区（图 1-5）。

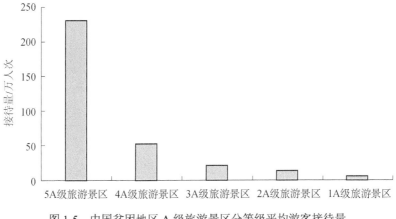

图 1-5　中国贫困地区 A 级旅游景区分等级平均游客接待量

## 三、自然景观类、历史文化类景区游客接待总量最多

2015 年，全国 14 个集中连片特困地区的所有 A 级旅游景区中，自然景观类景区的游客接待总量最高，为 16 862.0 万人次，占区域 A 级旅游景区游客接待总量的比重为 42.2%。其次为历史文化类景区，2015 年游客接待总量为 7897.0 万人次，占比为 19.7%；工业旅游与科技教育类景区游客接待总量最少，分别仅为 64.8 万人次和 63.0 万人次，占比均约为 0.2%（图 1-6）。

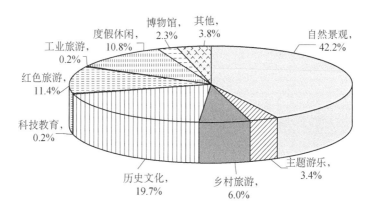

图 1-6　中国贫困地区 A 级旅游景区游客接待量分类型分布图

## 四、红色旅游类景区的游客平均接待水平最高

2015 年，全国 14 个集中连片特困地区的所有 A 级旅游景区中，红色旅游类景区的平均游客接待量为 63.1 万人次，居于区域各类型 A 级旅游景区平均接待量的第一位；游客平均接待水平居中的是主题游乐、历史文化和自然景观类景区，其游客平均接待量分别为 38.8 万人次、38.3 万人次和 38.1 万人次；游客平均接待水平最低的景区类型是工业旅游类，仅为 6.5 万人次（图 1-7）。

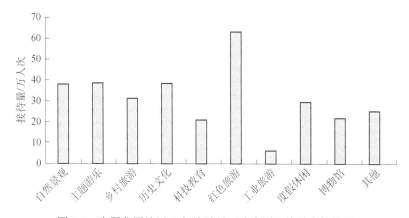

图 1-7　中国贫困地区 A 级旅游景区分类型平均游客接待量

## 五、政策性免票游客量占比接近四成，主要集中在 4A 级景区

2015 年，全国 14 个集中连片特困地区内所有 A 级旅游景区的政策性免票游客量为 15 808.6 万人次，占区域 A 级旅游景区游客接待总量的 39.5%。其中，4A 级旅游景区的政策性免票游客接待量最大，为 6785.4 万人次，占区域 A 级旅游景区免票游客总量的比重为 42.9%（图 1-8）。

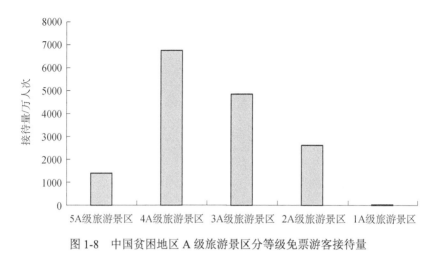

图 1-8　中国贫困地区 A 级旅游景区分等级免票游客接待量

## 六、秦巴山区游客接待总量与政策性免票游客量最多，罗霄山区游客平均接待水平最高

2015 年，秦巴山区游客接待量最多，为 7295.3 万人次，占区域 A 级旅游景区游客接待总量的比重为 18.2%，政策性免票游客量为 2612.8 万人次，占区域 A 级旅游景区免票游客总量的比重为 16.5%；罗霄山区游客平均接待水平最高，为 78.3 万人次（图 1-9）。

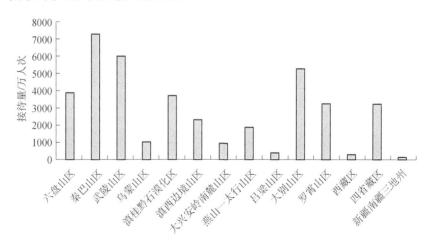

图 1-9　中国贫困地区旅游景区分区游客接待总量

# 第三节　景区收入情况

## 一、景区总收入"高度集中"在高A级景区

2015 年，全国 14 个集中连片特困地区的所有 A 级旅游景区中，4A 级、5A 级等高 A 级景区的旅游收入最高，分别为 314.6 亿元与 262.1 亿元，分别占区域 A 级旅游景区游客总收入的 46.9%和 39.1%。其次为 3A 级旅游景区，其总收入为 75.1 亿元，占比为 11.2%。低 A 级旅游景区的旅游收入最低，其中 2A 级旅游景区旅游总收入为 18.0 亿元，占比为 2.7%； 1A 级旅游景区旅游总收入为 0.4 亿元，占比仅为 0.1%（图 1-10）。

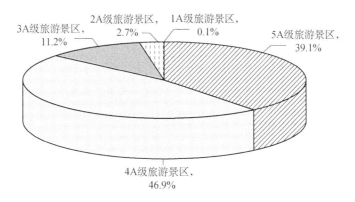

图 1-10　中国贫困地区 A 级旅游景区收入分等级分布图

## 二、景区平均收入水平与景区等级成正比

2015 年，全国 14 个集中连片特困地区的所有 A 级旅游景区中，5A 级旅游景区平均收入为 74 874.6 万元，居于区域各 A 级旅游景区平均收入第一位；其次为 4A 级旅游景区，其平均收入为 8788.8 万元。2A、1A 级旅游景区平均收入较少，分别为 601.6 万元和 306.4 万元，远低于高 A 级景区（图 1-11）。

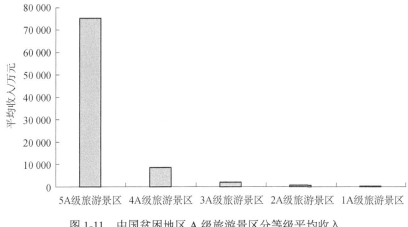

图 1-11　中国贫困地区 A 级旅游景区分等级平均收入

## 三、自然景观类景区旅游总收入最高

2015 年，全国 14 个集中连片特困地区的所有 A 级旅游景区中，自然景观类景区的旅游总收入最高，为 246.1 亿元，占区域 A 级旅游景区旅游总收入的比重为 36.7%。其次为历史文化类与红色旅游类景区，景区收入分别为 145.4 亿元和 140.0 亿元，占区域景区旅游总收入的比重分别为 21.7% 和 20.9%；科技教育类景区旅游总收入最少，仅为 0.3 亿元，占比不到 0.1%（图 1-12）。

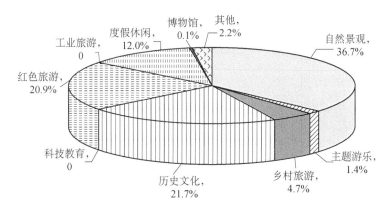

图 1-12　中国贫困地区 A 级旅游景区收入分类型分布图

本书所有数据采用四舍五入计算，部分类型因数值过小显示为"0"，全书余同

## 四、红色旅游景区的平均收入水平最高

2015 年，全国 14 个集中连片特困地区的所有 A 级旅游景区中，红色旅游类景区的平均收入为 19 446.3 万元，居于区域各类型 A 级旅游景区平均收入的第一位；平均收入水平位于第二位的是历史文化类景区，2015 年该类型景区平均收入为 7057.5 万元；平均收入水平排在第三阶梯的是度假休闲类与自然景观类景区，其平均收入分别为 5643.7 万元和 5554.8 万元；平均收入水平最低的是博物馆类景区，平均收入仅为 204.8 万元（图 1-13）。

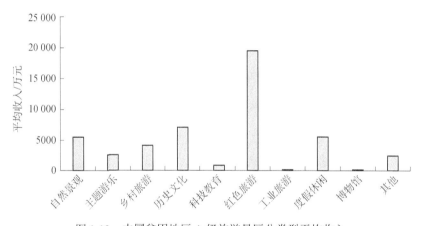

图 1-13　中国贫困地区 A 级旅游景区分类型平均收入

## 五、景区旅游收入以餐饮收入与住宿收入为主

2015 年，全国 14 个集中连片特困地区 A 级景区的餐饮收入为 184.8 亿元，住宿收入为 148.8 亿元，分别占该区 A 级旅游景区旅游总收入的 27.6% 和 22.2%，其次为商品与门票收入，分别为 126.3 亿元和 112.6 亿元，占该区景区旅游总收入比重分别为 18.8% 和 16.8%（图 1-14）。

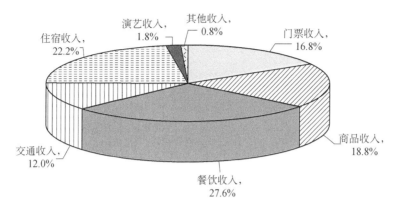

图 1-14　中国贫困地区 A 级旅游景区收入构成分布图

## 六、罗霄山区景区总收入与平均收入水平均最高，西藏区最低

2015 年，全国 14 个集中连片特困地区的所有 A 级旅游景区中，罗霄山区景区旅游总收入最高，为 113.2 亿元，占区域景区旅游总收入的比重为 16.9%，各景区平均收入为 26 944.0 万元，位居 14 个地区景区平均收入水平的首位；西藏区景区旅游总收入最少，仅为 0.09 亿元，占比不足 0.1%，平均收入仅为 85.0 万元，位于 14 个地区景区平均收入水平的末位（图 1-15，图 1-16）。

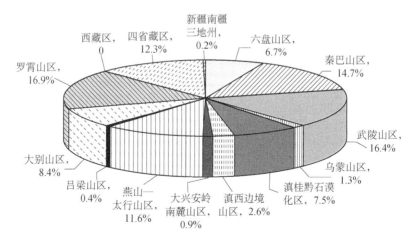

图 1-15　中国贫困地区 A 级旅游景区收入分区分布图

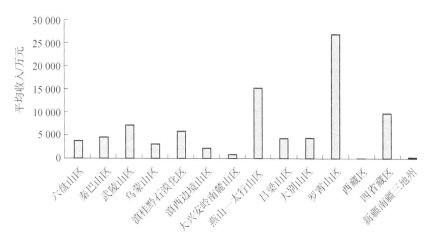

图 1-16 中国贫困地区 A 级旅游景区分区旅游平均收入

# 第四节 景区就业发展情况

## 一、高 A 级旅游景区就业拉动作用最为显著

2015 年，全国 14 个集中连片特困地区的所有 A 级旅游景区中，4A 级、5A 级旅游景区固定就业人数最多，分别为 57 655 人与 40 313 人，占区域 A 级旅游景区固定就业总量的比重分别为 44.2%和 30.9%（图 1-17）。

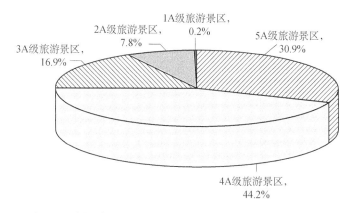

图 1-17 全国贫困地区 A 级旅游景区固定就业分等级分布图

## 二、景区平均固定就业水平与景区等级成正比

2015 年，全国 14 个集中连片特困地区的所有 A 级旅游景区中，5A 级旅游景区平均固定就业人数为 1152 人，居于区域各 A 级旅游景区平均固定就业水平第一位；其次为 4A 级旅游景区，其平均固定就业人数为 161 人。2A 级、1A 级旅游景区平均固定就业人数较少，分别为 33 人和 22 人（图1-18）。

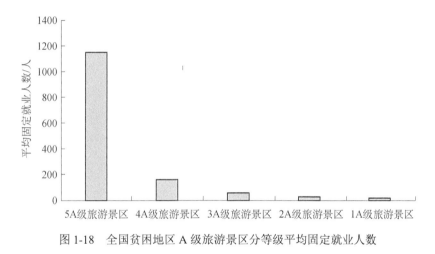

图 1-18　全国贫困地区 A 级旅游景区分等级平均固定就业人数

## 三、自然景观类景区吸纳固定就业人数最多

2015 年，全国 14 个集中连片特困地区的所有 A 级旅游景区中，自然景观类景区吸纳的固定就业人数为 43 538 人，占区域 A 级旅游景区固定就业人数的比重为 33.4%。其次为历史文化类、红色旅游类和度假休闲类景区，2015年这三类景区吸纳固定就业人数分别为 24 943 人、24 144 人和 22 470 人，占比分别为 19.1%、18.5% 和 17.2%。（图 1-19）。

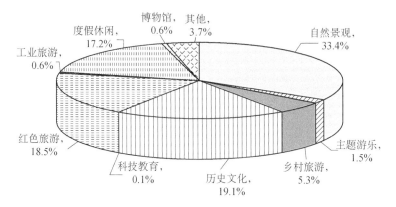

图 1-19　全国贫困地区 A 级旅游景区固定就业分类型分布图

## 四、红色旅游类景区的平均吸纳固定就业人数水平最高

2015 年，全国 14 个集中连片特困地区的所有 A 级旅游景区中，红色旅游类景区平均吸纳固定就业人数为 335 人，居区域各类型 A 级旅游景区平均吸纳固定就业人数排行榜第一位；其次是度假休闲类和历史文化类景区，平均吸纳固定就业人数分别为 156 人和 121 人；博物馆类景区平均吸纳固定就业水平最低，仅为 19 人（图 1-20）。

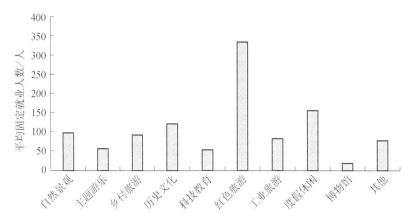

图 1-20　全国贫困地区 A 级旅游景区分类型平均固定就业人数

## 五、罗霄山区、秦巴山区和武陵山区三片区的景区就业拉动作用最为显著

2015 年，全国 14 个集中连片特困地区的所有 A 级旅游景区中，罗霄山区各景区国定就业人数最多，为 24 054 人，占区域 A 级旅游景区固定就业总量的 18.4%，平均固定就业人数为 573 人，位居 14 个片区的首位；其次是秦巴山区和武陵山区，分别为 21 604 人和 21 097 人，占比分别为 16.6% 和 16.2%，其中武陵山区各景区平均固定就业人数为 139 人，位于 14 个片区的第二位；新疆南疆三地州、西藏区和吕梁山区的固定就业总人数最少，分别为 921 人、641 人和 502 人，占比分别为 0.7%、0.5% 和 0.4%，其中西藏区各景区平均固定就业人数最少，仅为 16.7 人。（图 1-21，图 1-22）。

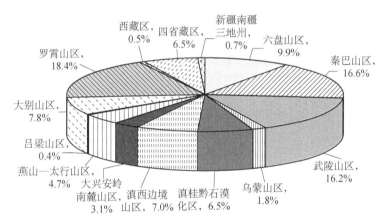

图 1-21　中国贫困地区 A 级旅游景区固定就业分区占比图

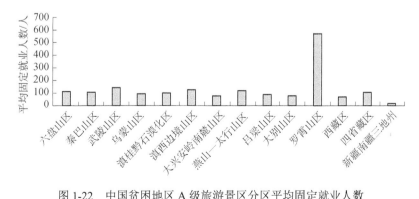

图 1-22　中国贫困地区 A 级旅游景区分区平均固定就业人数

# 第五节 景区投资发展情况

## 一、大部分资金用于景区建设投资

2015年，全国14个集中连片特困地区的A级旅游景区建设投资为299.8亿元，占总投资的99.5%。其中，用于景区内部建设的资金总额为224.1亿元，占区域景区建设总投资的74.7%。

## 二、4A级旅游景区是投资主体

2015年，全国14个集中连片特困地区的所有A级旅游景区中，4A级旅游景区旅游投资最多，共160.8亿元，占区域A级旅游景区旅游总投资的53.6%；其次是3A级旅游景区，2015年旅游总投资为69.5亿元，占比为23.2%；1A级旅游景区旅游投资最少，为0.1亿元，占比不足0.1%（图1-23）。

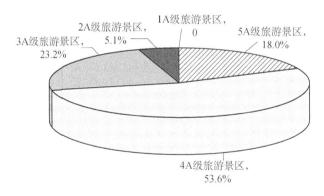

图1-23 中国贫困地区A级旅游景区投资分等级分布图

## 三、景区平均投资水平与景区等级成正比

2015年，全国14个集中连片特困地区的所有A级旅游景区中，5A级旅游景区平均旅游投资为15 437.4万元，位于各A级旅游景区首位；其次是4A

级旅游景区，平均投资为 4530.3 万元；平均投资最少的是 1A 级景区，为 61.0 万元（图 1-24）。

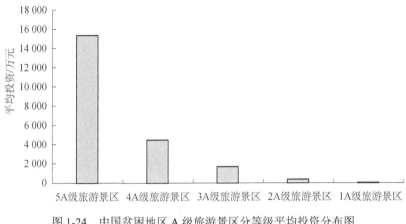

图 1-24　中国贫困地区 A 级旅游景区分等级平均投资分布图

## 四、自然景观类景区位于投资首位，科技教育类景区投资最少

2015 年，全国 14 个集中连片特困地区的所有类型旅游景区中，自然景观类景区旅游总投资为 104.4 亿元，占区域景区旅游总投资的 34.8%；其次是历史文化类与度假休闲类景区，旅游投资分别为 78.8 亿元与 64.6 亿元，占比分别为 26.3% 与 21.5%；博物馆类与科技教育类景区旅游投资最少，2015 年分别为 1.8 亿元和 0.6 亿元，占比分别为 0.6% 和 0.2%（图 1-25）。

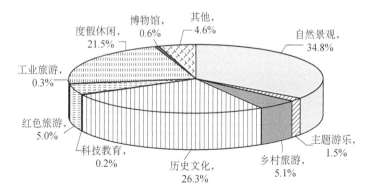

图 1-25　中国贫困地区 A 级旅游景区投资分类别分布图

## 五、度假休闲类景区的平均投资水平最高

2015 年，全国 14 个集中连片特困地区的所有 A 级旅游景区中，度假休闲类景区平均平均投资水平为 4564.7 万元，居于区域各类型 A 级旅游景区平均投资水平第一位；平均收入水平位于第二、第三位的是历史文化类和自然景观类景区，2015 年这两个类型景区平均投资水平为 3825.4 万元和 2365.2 万元；平均投资水平最低的景区类型是博物馆类，平均投资水平仅为 417.3 万元（图1-26）。

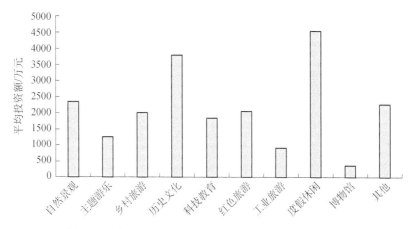

图 1-26　中国贫困地区 A 级旅游景区分类型平均投资图

## 六、秦巴山区景区旅游总投资最多，吕梁山区和西藏区旅游总投资最少

2015 年，秦巴山区旅游景区旅游总投资最多，为 80.2 亿元，占区域 A 级旅游景区总投资的 26.6%；吕梁山区和西藏区旅游景区旅游投资最少，分别为 4718.0 万元和 4242.0 万元，占比分别为 0.2% 和 0.1%（图 1-27）。乌蒙山区景区平均旅游投资最多，为 7269.4 万元，位居 14 个集中连片特困区平均投资水平首位；其次是滇桂黔石漠化区，为 5529.9 万元，新疆南疆三地州最少，仅为 378.3 万元（图 1-28）。

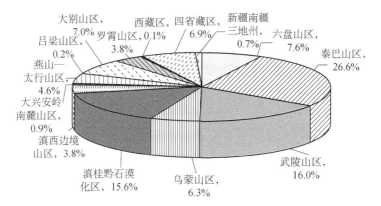

图 1-27 中国贫困地区 A 级旅游景区总投资分区占比图

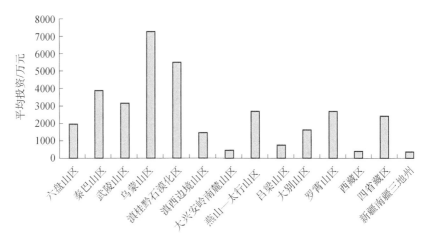

图 1-28 中国贫困地区 A 级旅游景区平均投资分区分布图

# 第二章

## 六盘山区 A 级旅游景区发展情况

六盘山区（表 2-1）地处黄土高原中西部及其与青藏高原过渡地带，以横跨陕西、甘肃、青海、宁夏四省的六盘山为核心，辐射宁夏西海固地区、陕西桥山西部地区、甘肃中东部地区及青海海东地区 61 个县（自治县、区）15.27 万平方公里区域，其中甘肃 40 个县（自治县、区），陕西、青海和宁夏各有 7 个县（自治县）列入。2010 年末，该区总人口为 2356.1 万人，其中乡村人口为 1968.1 万人，集"老""少""穷"各类问题于一体，干旱缺水，交通等基础设施普遍落后，加之生态环境脆弱，发展条件十分恶劣，贫困程度较深。

该区旅游资源禀赋突出，区域核心六盘山国家级自然保护区享有"黄土高原上一颗绿色明珠"之美誉，是西北地区重要的水源涵养林基地和风景名胜区。这里也是古丝绸之路东段北道必经之地，是历代兵家屯兵用武的要塞重镇，也是北方游牧文化与中原文化的结合部，至今保留着"古""贵""多"的文化遗存。此外，六盘山区是回族聚居区，该地独特的民族风情更为区域旅游发展增添了一道风景线，使六盘山区成为一座天然博物馆和民俗风情园。该区拥有以丝绸之路为代表的世界文化遗产，以及甘肃崆峒风景名胜区、甘肃麦积山风景名胜区、青海塔尔寺旅游区和陕西法门寺文化景区 4 个国家 5A 级旅游景区。

表 2-1 六盘山区行政区划

| 省（自治区） | 市（自治州、地区） | 县（自治县、区） |
|---|---|---|
| 陕西（7） | 宝鸡市 | 扶风县、陇县、千阳县、麟游县 |
| | 咸阳市 | 永寿县、长武县、淳化县 |
| 甘肃（40） | 兰州市 | 永登县、皋兰县、榆中县 |
| | 白银市 | 靖远县、会宁县、景泰县 |
| | 天水市 | 清水县、秦安县、甘谷县、武山县、张家川回族自治县、麦积区 |
| | 武威市 | 古浪县 |
| | 平凉市 | 崆峒区、泾川县、灵台县、庄浪县、静宁县 |
| | 庆阳市 | 庆城县、环县、华池县、合水县、正宁县、宁县、镇原县 |
| | 定西市 | 安定区、通渭县、陇西县、渭源县、临洮县、漳县、岷县 |
| | 临夏回族自治州 | 临夏市、临夏县、康乐县、永靖县、广河县、和政县、东乡族自治县、积石山自治县 |
| 青海（7） | 西宁市 | 湟中县、湟源县 |
| | 海东地区 | 民和回族土族自治县、乐都县、互助土族自治县、化隆回族自治县、循化撒拉族自治县 |
| 宁夏（7） | 吴忠市 | 同心县 |
| | 固原市 | 原州区、西吉县、隆德县、泾源县、彭阳县 |
| | 中卫市 | 海原县 |

# 第一节　数量与门票价格

2015 年，六盘山区 A 级旅游景区共计 117 家，占贫困区 A 级景区总量的 10.7%，占全国 A 级景区总量的 1.5%。

## 一、等级构成

六盘山区有 5A 级旅游景区 4 家，占该区 A 级旅游景区总量的 3.4%；4A 级旅游景区 29 家，占比为 24.8%；3A 级旅游景区 40 家，占比为 34.2%；2A

级旅游景区 44 家，占比为 37.6%；无 1A 级旅游景区（图 2-1）。

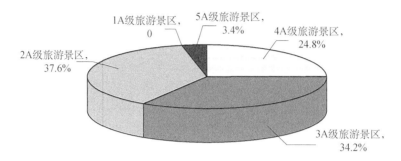

图 2-1 六盘山区 A 级旅游景区分等级分布图

## 二、类型构成

六盘山区 A 级旅游景区以自然景观类数量最多，共计 38 家，占该区 A 级景区总数的 32.5%；其次是历史文化类景区，共计 31 家，占比为 26.5%；紧随其后的是度假休闲类景区，为 23 家，占比为 19.7%；主题游乐类与科技教育类景区数量最少，均仅为 1 家，占比均仅为 0.9%。无工业旅游类景区（图 2-2）。

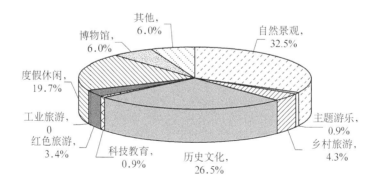

图 2-2 六盘山区 A 级旅游景区分类型分布图

从景区等级和类型（表 2-2、图 2-3）来看，自然景观类中 2A 级旅游景区数量最多，共计 14 家，其次是 3A 级旅游景区，共计 12 家；历史文化类中是 4A 级旅游景区数量最多，共计 11 家，其次是 3A 级旅游景区，共计 9 家。

表 2-2　六盘山区 A 级旅游景区分类型等级统计表　　（单位：家）

| 景区类型 | 5A 级旅游景区 | 4A 级旅游景区 | 3A 级旅游景区 | 2A 级旅游景区 | 1A 级旅游景区 | 合计 |
|---|---|---|---|---|---|---|
| 自然景观 | 1 | 11 | 12 | 14 | 0 | 38 |
| 主题游乐 | 0 | 0 | 0 | 1 | 0 | 1 |
| 乡村旅游 | 0 | 1 | 3 | 1 | 0 | 5 |
| 历史文化 | 3 | 11 | 9 | 8 | 0 | 31 |
| 科技教育 | 0 | 0 | 0 | 1 | 0 | 1 |
| 红色旅游 | 0 | 1 | 1 | 2 | 0 | 4 |
| 工业旅游 | 0 | 0 | 0 | 0 | 0 | 0 |
| 度假休闲 | 0 | 3 | 12 | 8 | 0 | 23 |
| 博物馆 | 0 | 2 | 2 | 3 | 0 | 7 |
| 其他 | 0 | 0 | 1 | 6 | 0 | 7 |
| 合计 | 4 | 29 | 40 | 44 | 0 | 117 |

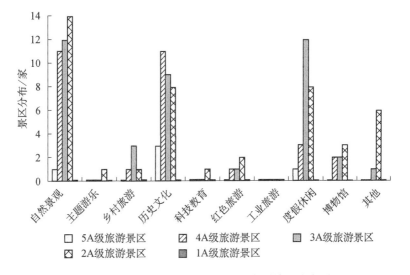

图 2-3　六盘山区 A 级旅游景区分类型等级分布图

## 三、门票价格

2015 年，六盘山区 117 家 A 级旅游景区的门票价格总计 1617 元，平均门票价格为 13.8 元，较全国平均水平低了 17.2 元。

从景区等级（表 2-3）来看，5A 级旅游景区的平均门票价格最高，达到 86.3 元；其次是 4A 和 3A 级景区，平均门票价格分别为 25.5 元和 11.2 元；2A 级景区的平均门票价格相对最低，为 1.9 元。

表 2-3　2015 年六盘山区 A 级旅游景区门票价格分等级统计表

| 景区等级 | 门票价格总额/元 | 景区数量/家 | 平均门票价格/元 |
|---|---|---|---|
| 5A 级旅游景区 | 345 | 4 | 86.3 |
| 4A 级旅游景区 | 739 | 29 | 25.5 |
| 3A 级旅游景区 | 449 | 40 | 11.2 |
| 2A 级旅游景区 | 84 | 44 | 1.9 |
| 1A 级旅游景区 | 0 | 0 | 0.0 |
| 合计 | 1617 | 117 | 13.8 |

从类型（表 2-4）来看，2015 年六盘山区历史文化类和自然景观类景区的平均门票价格相对较高，分别为 22.9 元和 15.1 元；其次是度假休闲类、乡村旅游类和其他类三类景区，平均门票价格分别为 8.3 元、8.0 元和 7.9 元；博物馆类、红色旅游类两种类型景区的平均门票价格相对较低，分别为 4.3 元和 3.8 元；科技教育类与主题游乐类景区的平均门票价格最低，目前均为 0。

表 2-4　2015 年六盘山区 A 级旅游景区门票价格分类型统计表

| 景区类型 | 门票价格总额/元 | 景区数量/家 | 平均门票价格/元 |
|---|---|---|---|
| 自然景观 | 575 | 38 | 15.1 |
| 主题游乐 | 0 | 1 | 0.0 |
| 乡村旅游 | 40 | 5 | 8.0 |
| 历史文化 | 711 | 31 | 22.9 |
| 科技教育 | 0 | 1 | 0.0 |
| 红色旅游 | 15 | 4 | 3.8 |
| 工业旅游 | 0 | 0 | 0.0 |
| 度假休闲 | 191 | 23 | 8.3 |
| 博物馆 | 30 | 7 | 4.3 |
| 其他 | 55 | 7 | 7.9 |
| 总计 | 1617 | 117 | 13.8 |

# 第二节　游客接待量

2015 年，六盘山区 A 级旅游景区游客总接待量为 3898.4 万人次，占全国贫困地区 A 级旅游景区接待总量的 9.8%，其中政策性免票人数为 1720.6 万人次，景区平均接待量为 33.3 万人次。

## 一、分等级接待量

2015 年，六盘山区 A 级旅游景区游客接待量以 4A 级旅游景区最多，共计 1702.9 万人次，占六盘山区 A 级旅游景区游客接待总量的 43.7%；其次是 5A 级和 3A 级旅游景区，游客接待量分别为 823.4 万人次和 794.1 万人次，占比分别为 21.1% 和 20.4%；2A 级旅游景区游客接待量相对较少，接待人数为 578.0 万人次，占比为 14.8%（图 2-4）。

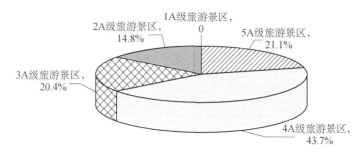

图 2-4　六盘山区 A 级旅游景区游客接待量分等级分布图

## 二、分类型接待量

2015 年，六盘山区不同类型（图 2-5）A 级旅游景区游客接待量差异较大，其中历史文化类与自然景观类景区游客接待量最多，分别为 1328.0 万人次和 1252.0 万人次，分别占六盘山区 A 级旅游景区接待总量的 34.1% 和 32.1%；其次是度假休闲类景区，游客接待量为 699.7 万人次，占比为 17.9%；科技教育类与主题游乐类旅游景区游客接待量最少，分别为 19.9 万人次和 7.4 万人次，占比仅分别为 0.5%和 0.2%。

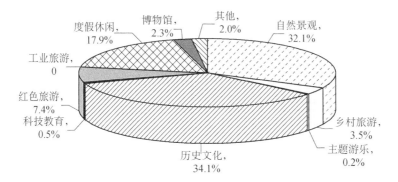

图 2-5　六盘山区 A 级旅游景区游客接待量分类型分布图

从景区类型和等级综合来看，历史文化类以 5A 级旅游景区的游客接待量最多，共计 574.0 万人次；其次是 4A 级旅游景区，游客接待量共计 427.7 万人次。自然景观类中 4A 级旅游景区游客接待量最多，共计 701.6 万人次；其次是 5A 级旅游景区，游客接待量共计 249.4 万人次（表 2-5、图 2-6）。

表 2-5　六盘山区 A 级旅游景区游客接待量分类型等级统计表（单位：万人次）

| 景区类型 | 5A级旅游景区 | 4A级旅游景区 | 3A级旅游景区 | 2A级旅游景区 | 1A级旅游景区 | 合计 |
|---|---|---|---|---|---|---|
| 自然景观 | 249.4 | 701.6 | 144.1 | 156.9 | 0.0 | 1252.0 |
| 主题游乐 | 0.0 | 0.0 | 0.0 | 7.4 | 0.0 | 7.4 |
| 乡村旅游 | 0.0 | 74.5 | 60.7 | 0.0 | 0.0 | 135.2 |
| 历史文化 | 574.0 | 427.7 | 173.2 | 153.1 | 0.0 | 1328.0 |
| 科技教育 | 0.0 | 0.0 | 0.0 | 19.9 | 0.0 | 19.9 |
| 红色旅游 | 0.0 | 120.3 | 110.7 | 58.0 | 0.0 | 289.0 |
| 工业旅游 | 0.0 | 0.0 | 0.0 | 0.0 | 0.0 | 0.0 |
| 度假休闲 | 0.0 | 351.3 | 270.2 | 78.2 | 0.0 | 699.7 |
| 博物馆 | 0.0 | 27.5 | 22.2 | 37.7 | 0.0 | 87.4 |
| 其他 | 0.0 | 0.0 | 13.0 | 66.8 | 0.0 | 79.8 |
| 合计 | 823.4 | 1702.9 | 794.1 | 578.0 | 0.0 | 3898.4 |

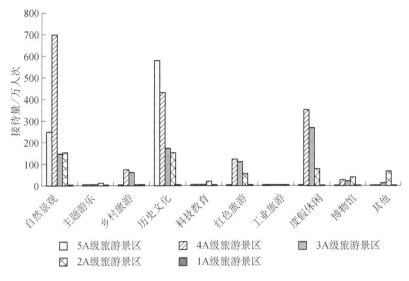

图 2-6　六盘山区 A 级旅游景区游客接待量分类型等级分布图

# 第三节　收入与投资

## 一、旅游景区总收入情况

2015 年，六盘山区 A 级旅游景区旅游总收入为 45.2 亿元，占全国贫困地区 A 级景区旅游总收入的 6.7%，景区平均收入为 3859.6 万元。

### （一）分等级收入

2015 年，六盘山区 A 级旅游景区总收入以 4A 级旅游景区最高，共计 27.3 亿元，占该地区 A 级景区总收入的 60.4%；其次是 5A 级旅游景区，景区总收入共计 10.7 亿元，占比 23.7%；3A 和 2A 级旅游景区收入相对较少，仅 5.9 亿元和 1.3 亿元，占比分别为 13.1% 和 2.9%（图 2-7）。

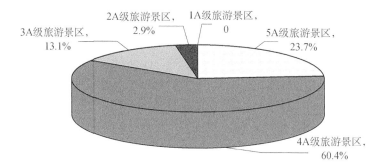

图 2-7    六盘山区 A 级旅游景区收入分等级分布图

## （二）分类型收入

从景区类型（图 2-8）看，2015 年六盘山区 A 级旅游景区中度假休闲类的收入位居榜首，达到 20.4 亿元，占全区 A 级景区总收入的 45.1%；其次是历史文化类景区，景区收入为 11.4 亿元，占 25.2%；主题游乐类景区的收入最少，仅 4.0 万元，占比不足 0.1%（图 2-8）。

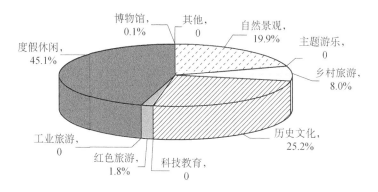

图 2-8    六盘山区 A 级旅游景区收入分类型分布图

从景区类型和等级（表 2-6、图 2-9）综合来看，度假休闲类景区中 4A 级旅游景区收入最多，为 16.6 亿元；3A 级旅游景区次之，为 2.9 亿元。历史文化类景区中 5A 级旅游景区收入最多，为 7.7 亿元；其次是 4A 级旅游景区，为 3.0 亿元。

表 2-6　六盘山区 A 级旅游景区收入分类型等级统计表（单位：亿元）

| 景区类型 | 5A 级旅游景区 | 4A 级旅游景区 | 3A 级旅游景区 | 2A 级旅游景区 | 1A 级旅游景区 | 合计 |
|---|---|---|---|---|---|---|
| 自然景观 | 3.0 | 5.6 | 0.4 | 0.0 | 0.0 | 9.0 |
| 主题游乐 | 0.0 | 0.0 | 0.0 | 0.0 | 0.0 | 0.0 |
| 乡村旅游 | 0.0 | 2.1 | 1.5 | 0.0 | 0.0 | 3.6 |
| 历史文化 | 7.7 | 3.0 | 0.7 | 0.0 | 0.0 | 11.4 |
| 科技教育 | 0.0 | 0.0 | 0.0 | 0.0 | 0.0 | 0.0 |
| 红色旅游 | 0.0 | 0.0 | 0.4 | 0.4 | 0.0 | 0.8 |
| 工业旅游 | 0.0 | 0.0 | 0.0 | 0.0 | 0.0 | 0.0 |
| 度假休闲 | 0.0 | 16.6 | 2.9 | 0.9 | 0.0 | 20.4 |
| 博物馆 | 0.0 | 0.0 | 0.0 | 0.0 | 0.0 | 0.0 |
| 其他 | 0.0 | 0.0 | 0.0 | 0.0 | 0.0 | 0.0 |
| 合计 | 10.7 | 27.3 | 5.9 | 1.3 | 0.0 | 45.2 |

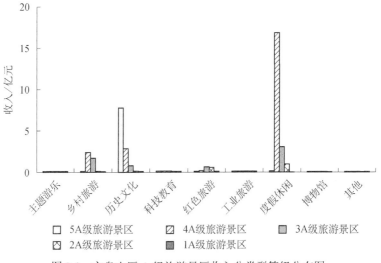

图 2-9　六盘山区 A 级旅游景区收入分类型等级分布图

## 二、旅游景区分项收入

2015 年，餐饮收入是六盘山区 A 级旅游景区的重要来源，总额为 14.3 亿元，占本地区 A 级景区总收入的 31.6%；然后是住宿、门票、商品和交通收入，总额分别为 9.6 亿元、8.3 亿元、6.8 亿元和 5.5 亿元，占比分别为 21.2%、

18.4%、15.0%和 12.2%；其他类和演艺类收入相对较少，分别为 0.5 亿元和 0.2 亿元，占比分别为 1.1%和 0.5%（图 2-10）。

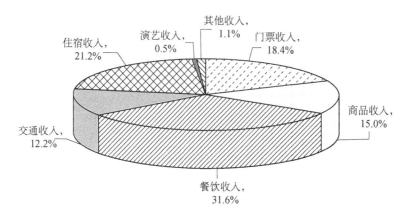

图 2-10　六盘山区 A 级旅游景区收入构成分布图

## （一）分等级收入

六盘山区不同等级 A 级旅游景区总收入（表 2-7、图 2-11）构成中，4A 和 5A 级旅游景区总收入所占比重较大，两者共占本地区 A 级景区总收入的 84.1%。其中，4A 级旅游景区收入构成中以餐饮、住宿、商品和交通收入为主，分别为 9.6 亿元、6.0 亿元、4.6 亿元和 3.8 亿元。5A 级旅游景区以门票、住宿和餐饮收入为主，分别是 5.1 亿元、2.2 亿元和 1.8 亿元。

表 2-7　六盘山区 A 级旅游景区收入构成分等级统计表　（单位：亿元）

| 类别 | 门票收入 | 商品收入 | 餐饮收入 | 交通收入 | 住宿收入 | 演艺收入 | 其他收入 | 合计 |
|---|---|---|---|---|---|---|---|---|
| 5A 级旅游景区 | 5.1 | 0.6 | 1.8 | 1.0 | 2.2 | 0.0 | 0.0 | 10.7 |
| 4A 级旅游景区 | 2.9 | 4.6 | 9.6 | 3.8 | 6.0 | 0.2 | 0.2 | 27.3 |
| 3A 级旅游景区 | 0.3 | 1.3 | 2.2 | 0.6 | 1.3 | 0.0 | 0.2 | 5.9 |
| 2A 级旅游景区 | 0.0 | 0.3 | 0.7 | 0.1 | 0.1 | 0.0 | 0.1 | 1.3 |
| 1A 级旅游景区 | 0.0 | 0.0 | 0.0 | 0.0 | 0.0 | 0.0 | 0.0 | 0.0 |
| 合计 | 8.3 | 6.8 | 14.3 | 5.5 | 9.6 | 0.2 | 0.5 | 45.2 |

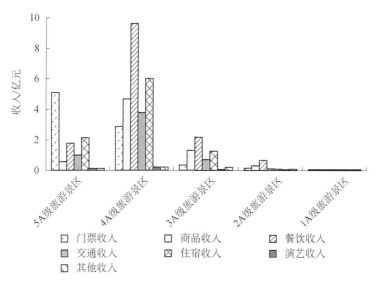

图 2-11　六盘山区 A 级旅游景区收入构成分等级分布图

## （二）分类型收入

度假休闲类和历史文化类景区收入较高，分别为 20.4 亿元和 11.4 亿元。其中，度假休闲类旅游景区以餐饮、住宿、交通和商品收入为主，分别为 7.4 亿元、5.3 亿元、3.4 亿元和 2.7 亿元。历史文化类景区以门票、住宿、商品和餐饮收入为主，分别是 3.9 亿元、2.3 亿元、2.3 亿元和 2.2 亿元（表 2-8、图 2-12）。

表 2-8　六盘山区 A 级旅游景区收入构成分类型统计表（单位：亿元）

| 景区类型 | 门票收入 | 商品收入 | 餐饮收入 | 交通收入 | 住宿收入 | 演艺收入 | 其他收入 | 合计 |
|---|---|---|---|---|---|---|---|---|
| 自然景观 | 2.8 | 0.7 | 3.2 | 1.0 | 1.2 | 0.0 | 0.1 | 9.0 |
| 主题游乐 | 0.0 | 0.0 | 0.0 | 0.0 | 0.0 | 0.0 | 0.0 | 0.0 |
| 乡村旅游 | 0.2 | 1.0 | 1.1 | 0.5 | 0.7 | 0.1 | 0.0 | 3.6 |
| 历史文化 | 3.9 | 2.3 | 2.2 | 0.5 | 2.3 | 0.0 | 0.2 | 11.4 |
| 科技教育 | 0.0 | 0.0 | 0.0 | 0.0 | 0.0 | 0.0 | 0.0 | 0.0 |
| 红色旅游 | 0.0 | 0.1 | 0.4 | 0.1 | 0.1 | 0.0 | 0.1 | 0.8 |
| 工业旅游 | 0.0 | 0.0 | 0.0 | 0.0 | 0.0 | 0.0 | 0.0 | 0.0 |

续表

| 景区类型 | 门票收入 | 商品收入 | 餐饮收入 | 交通收入 | 住宿收入 | 演艺收入 | 其他收入 | 合计 |
|---|---|---|---|---|---|---|---|---|
| 度假休闲 | 1.4 | 2.7 | 7.4 | 3.4 | 5.3 | 0.1 | 0.1 | 20.4 |
| 博物馆 | 0.0 | 0.0 | 0.0 | 0.0 | 0.0 | 0.0 | 0.0 | 0.0 |
| 其他 | 0.0 | 0.0 | 0.0 | 0.0 | 0.0 | 0.0 | 0.0 | 0.0 |
| 合计 | 8.3 | 6.8 | 14.3 | 5.5 | 9.6 | 0.2 | 0.5 | 45.2 |

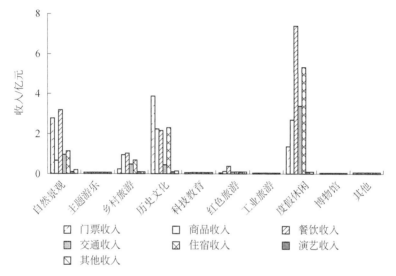

图 2-12　六盘山区 A 级旅游景区收入构成分类型分布图

## 三、旅游景区投资

2015 年六盘山区 A 级旅游景区总投资为 22.8 亿元，占中国贫困地区 A 级旅游景区总投资的 7.6%，景区平均投资为 1947.4 万元。其中景区内部建设投资为 19.6 亿元，景区外部建设投资为 3.2 亿元。

从景区等级来看，2015 年 4A 级旅游景区建设总投资最多，为 15.5 亿元，占六盘山区所有 A 级旅游景区当年建设总投资的 68.1%。从景区类型来看，度假休闲类和历史文化类景区的总投资较多，分别是 13.5 亿元和 4.2 亿元。

从景区等级和类型（图 2-13）综合来看，度假休闲类景区中 4A 级旅游景区的建设投资最多，达 10.9 亿元；历史文化类景区中也是 4A 级旅游景区的建设投资较多，为 3.3 亿元（表 2-9）。

表 2-9　六盘山区 A 级旅游景区建设投资分类型等级统计表　（单位：亿元）

| 景区类型 | 5A 级旅游景区 | 4A 级旅游景区 | 3A 级旅游景区 | 2A 级旅游景区 | 1A 级旅游景区 | 合计 |
|---|---|---|---|---|---|---|
| 自然景观 | 1.2 | 1.0 | 0.9 | 0.1 | 0.0 | 3.2 |
| 主题游乐 | 0.0 | 0.0 | 0.0 | 0.0 | 0.0 | 0.0 |
| 乡村旅游 | 0.0 | 0.0 | 0.4 | 0.0 | 0.0 | 0.4 |
| 历史文化 | 0.3 | 3.3 | 0.5 | 0.1 | 0.0 | 4.2 |
| 科技教育 | 0.0 | 0.0 | 0.0 | 0.0 | 0.0 | 0.0 |
| 红色旅游 | 0.0 | 0.1 | 0.0 | 0.1 | 0.0 | 0.2 |
| 工业旅游 | 0.0 | 0.0 | 0.0 | 0.0 | 0.0 | 0.0 |
| 度假休闲 | 0.0 | 10.9 | 2.2 | 0.4 | 0.0 | 13.5 |
| 博物馆 | 0.0 | 0.2 | 0.0 | 0.1 | 0.0 | 0.3 |
| 其他 | 0.0 | 0.0 | 0.1 | 0.9 | 0.0 | 1.0 |
| 合计 | 1.5 | 15.5 | 4.1 | 1.7 | 0.0 | 22.8 |

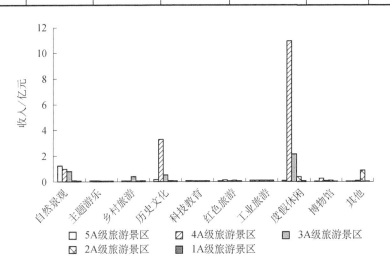

图 2-13　六盘山区 A 级旅游景区建设投资分类型等级分布图

## 第四节　管理与就业

## 一、经营机构

2015 年，六盘山区 A 级旅游景区经营机构共 117 家，共分三种类型。其中企业类经营机构最多，为 58 家；其次是事业单位类型经营机构 54 家；行政单位类型经营机构数量较少，为 5 家（图 2-14）。

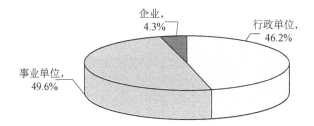

图 2-14　六盘山区 A 级旅游景区经营管理机构数量分布图

## 二、就业情况

2015 年，六盘山区 A 级旅游景区固定就业人数共计 12 901 人，占全国贫困地区 A 级旅游景区固定就业总人数的 9.9%，景区平均就业 103.3 人；临时（季节性）就业为 6558 人次。其中，4A 级旅游景区固定就业人数最多，为 8758 人，占六盘山区 A 级旅游景区固定就业总人数的 67.9%（表 2-10）。

表 2-10　六盘山区 A 级旅游景区固定用工分等级统计表

| 景区等级 | 5A 级旅游景区 | 4A 级旅游景区 | 3A 级旅游景区 | 2A 级旅游景区 | 1A 级旅游景区 | 合计 |
|---|---|---|---|---|---|---|
| 固定用工人数/人 | 1354 | 8758 | 1714 | 1075 | 0 | 12901 |
| 比例/% | 10.5 | 67.9 | 13.3 | 8.3 | 0.0 | 100.0 |

从景区类型（表 2-11、图 2-15）看，度假休闲类景区的固定就业人数最

多，为 8844 人，占本地区 A 级旅游景区固定就业总人数的 68.6%；其次是自然景观类和历史文化类景区，固定就业人数分别为 1635 人和 1626 人，分别占本地区 A 级旅游景区固定就业总人数的 12.7% 和 12.6%。其中，度假休闲类景区以 4A 和 3A 级固定就业人数较多，分别为 7407 人和 1074 人；自然景观类景区以 5A 和 4A 级固定就业人数较多，分别为 564 人和 548 人；历史文化类景区以 5A 和 4A 级固定就业人数较多，分别为 790 人和 521 人。

表 2-11　六盘山区 A 级旅游景区固定用工分类型等级统计表　（单位：人）

| 景区类型 | 5A 级旅游景区 | 4A 级旅游景区 | 3A 级旅游景区 | 2A 级旅游景区 | 1A 级旅游景区 | 合计 |
|---|---|---|---|---|---|---|
| 自然景观 | 564 | 548 | 285 | 238 | 0 | 1 635 |
| 主题游乐 | 0 | 0 | 0 | 6 | 0 | 6 |
| 乡村旅游 | 0 | 68 | 65 | 160 | 0 | 293 |
| 历史文化 | 790 | 521 | 183 | 132 | 0 | 1 626 |
| 科技教育 | 0 | 0 | 0 | 26 | 0 | 26 |
| 红色旅游 | 0 | 100 | 73 | 34 | 0 | 207 |
| 工业旅游 | 0 | 0 | 0 | 0 | 0 | 0 |
| 度假休闲 | 0 | 7 407 | 1 074 | 363 | 0 | 8 844 |
| 博物馆 | 0 | 114 | 26 | 24 | 0 | 164 |
| 其他 | 0 | 0 | 8 | 92 | 0 | 100 |
| 合计 | 1 354 | 8 758 | 1 714 | 1 075 | 0 | 12 901 |

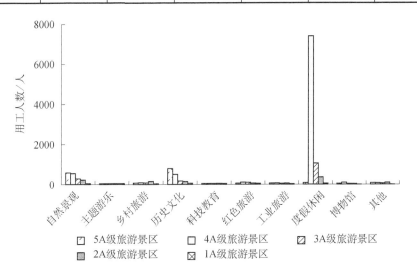

图 2-15　六盘区 A 级旅游景区固定用工分类型等级分布图

## 三、导游情况

2015 年，六盘山区 A 级旅游景区导游总数为 851 人，占全国贫困地区 A 级旅游景区导游总数的 8.8%，景区平均导游数量为 7.3 人。其中 4A 和 5A 级旅游景区导游人数较多，分别为 336 人和 248 人，分别占六盘山区 A 级旅游景区导游总量的 39.5% 和 29.1%（表 2-12、图 2-16）。

**表 2-12　六盘山区 A 级旅游景区导游数量分等级统计表**

| 景区等级 | 5A 级旅游景区 | 4A 级旅游景区 | 3A 级旅游景区 | 2A 级旅游景区 | 1A 级旅游景区 | 合计 |
|---|---|---|---|---|---|---|
| 导游人数/人 | 248 | 336 | 180 | 87 | 0 | 851 |
| 比例/% | 29.1 | 39.5 | 21.2 | 10.2 | 0.0 | 100.0 |

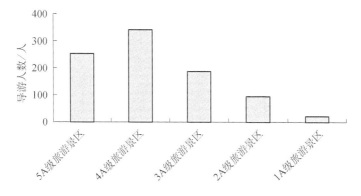

图 2-16　2015 年六盘山区 A 级旅游景区导游人员分等级分布图

# 第三章

## 秦巴山区 A 级旅游景区发展情况

秦巴山区（表 3-1）以横跨河南、湖北、重庆、四川、陕西、甘肃六省的秦岭和大巴山为核心，辐射河南、湖北、重庆、四川、陕西和甘肃六省毗邻地区的 75 个县（自治县、区、市），其中河南 10 个县、湖北 7 个县（市）、四川省 15 个县（自治县、区、市）、重庆 5 个县、陕西 29 个县（区）和甘肃 9 个县（区）。小盆地和山间谷地相接构成了该区典型的地貌类型，其中汉中盆地、西乡盆地、安康盆地、汉阴盆地、商丹盆地和洛南盆地最为著名。该区是长江上游地区重要的生态屏障之一，盛产蚕丝、苎麻、茶叶、生漆、桐油、棕片等数十种土特产品，以及杜仲、天麻、麝香、五倍子等珍贵中药材，因盛产绞股蓝被誉为"世界绞谷"。

秦巴山区生态旅游资源也极其丰富，境内拥有广元市剑门关风景区、金丝大峡谷国家森林公园、重庆巫山小小三峡风景区、洛阳市栾川老君山—鸡冠洞旅游区、洛阳市白云山国家森林公园、洛阳市伏牛山滑雪度假乐园、尧山—中原大佛景区，以及北川羌城旅游区 8 个国家 5A 级旅游景区。

表 3-1　秦巴山区行政区划

| 省 | 市 | 县（自治县、区、市） |
|---|---|---|
| 河南省（10） | 洛阳市 | 嵩县、汝阳县、洛宁县、栾川县 |
| | 平顶山市 | 鲁山县 |
| | 三门峡市 | 卢氏县 |
| | 南阳市 | 南召县、内乡县、镇平县、淅川县 |
| 湖北省（7） | 十堰市 | 郧县、郧西县、竹山县、竹溪县、房县、丹江口市 |
| | 襄樊市 | 保康县 |
| 重庆（5） | 重庆市 | 城口县、云阳县、奉节县、巫山县、巫溪县 |
| 四川省（15） | 绵阳市 | 北川羌族自治县、平武县 |
| | 广元市 | 元坝区、朝天区、旺苍县、青川县、剑阁县、苍溪县 |
| | 南充市 | 仪陇县 |
| | 达州市 | 宣汉县、万源市 |
| | 巴中市 | 巴州区、通江县、南江县、平昌县 |
| 陕西省（29） | 西安市 | 周至县 |
| | 宝鸡市 | 太白县 |
| | 汉中市 | 南郑县、城固县、洋县、西乡县、勉县、宁强县、略阳县、镇巴县、留坝县、佛坪县 |
| | 安康市 | 汉滨区、汉阴县、石泉县、宁陕县、紫阳县、岚皋县、平利县、镇坪县、旬阳县、白河县 |
| | 商洛市 | 商州区、洛南县、丹凤县、商南县、山阳县、镇安县、柞水县 |
| 甘肃省（9） | 陇南市 | 武都区、成县、文县、宕昌县、康县、西和县、礼县、徽县、两当县 |

# 第一节　数量与门票价格

2015 年，秦巴山区 A 级旅游景区共计 205 家，占贫困区 A 级景区总量的 18.8%，占全国 A 级景区总量的 2.6%。

## 一、等级构成

秦巴山区(图 3-1)5A 级旅游景区 8 家，占该区 A 级旅游景区总量的 3.9%；

4A 级旅游景区 88 家，占 42.9%；3A 级旅游景区 75 家，占 36.6%；2A 级旅游景区 34 家，占 16.6%；无 1A 级旅游景区。

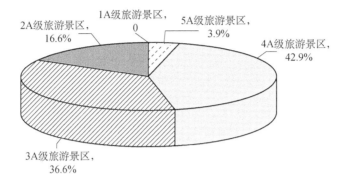

图 3-1　秦巴山区 A 级旅游景区分等级分布图

## 二、类型构成

秦巴山区 A 级旅游景区以自然景观类数量最多，共计 94 家，占该区 A 级景区总数的 45.9%；其次是历史文化类景区，共计 43 家，占比 21.0%；紧随其后的是度假休闲类景区，为 25 家，占比 12.2%；工业旅游类景区数量最少，仅为 2 家，占比仅为 1.0%；其他类型景区共计 41 家，占比为 20.0%；无科技教育类景区（图 3-2）。

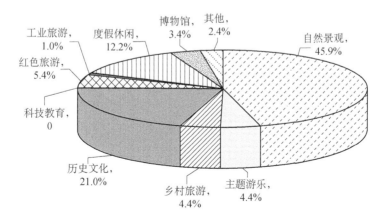

图 3-2　秦巴山区 A 级旅游景区分类型分布图

从景区等级和类型（表 3-2、图 3-3）来看，自然景观类中 4A 级旅游景区数量最多，共计 45 家，其次是 3A 级旅游景区，共计 34 家；历史文化类中也是 4A 级旅游景区数量最多，共计 17 家，其次是 3A 和 2A 级旅游景区，均 13 家。

**表 3-2    秦巴山区 A 级旅游景区分类型等级统计表**    （单位：家）

| 景区类型 | 5A 级旅游景区 | 4A 级旅游景区 | 3A 级旅游景区 | 2A 级旅游景区 | 1A 级旅游景区 | 合计 |
|---|---|---|---|---|---|---|
| 自然景观 | 4 | 45 | 34 | 11 | 0 | 94 |
| 主题游乐 | 0 | 3 | 5 | 1 | 0 | 9 |
| 乡村旅游 | 0 | 2 | 5 | 2 | 0 | 9 |
| 历史文化 | 0 | 17 | 13 | 13 | 0 | 43 |
| 科技教育 | 0 | 0 | 0 | 0 | 0 | 0 |
| 红色旅游 | 0 | 5 | 6 | 0 | 0 | 11 |
| 工业旅游 | 0 | 1 | 1 | 0 | 0 | 2 |
| 度假休闲 | 3 | 10 | 6 | 6 | 0 | 25 |
| 博物馆 | 0 | 3 | 3 | 1 | 0 | 7 |
| 其他 | 1 | 2 | 2 | 0 | 0 | 5 |
| 合计 | 8 | 88 | 75 | 34 | 0 | 205 |

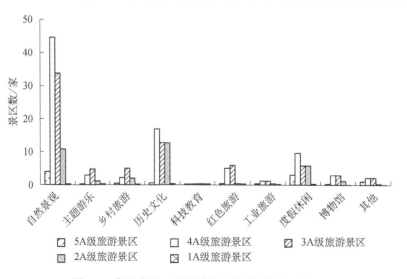

图 3-3    秦巴山区 A 级旅游景区分类型等级分布图

## 三、门票价格

2015 年，秦巴山区 205 家 A 级旅游景区的门票价格总计 7994 元，平均门票价格为 39.0 元，较全国平均水平高了 8.0 元。

从景区等级（表 3-3）来看，5A 级旅游景区的平均门票价格最高，达到 77.5 元；其次是 4A 和 3A 级景区，平均门票价格分别为 53.8 元和 30.3 元；2A 级景区的平均门票价格相对较低，为 10.8 元（表 3-3）。

表 3-3　2015 年秦巴山区 A 级旅游景区门票价格分等级统计表

| 景区等级 | 门票价格总额/元 | 景区数量/家 | 平均门票价格/元 |
|---|---|---|---|
| 5A 级旅游景区 | 620 | 8 | 77.5 |
| 4A 级旅游景区 | 4731 | 88 | 53.8 |
| 3A 级旅游景区 | 2275 | 75 | 30.3 |
| 2A 级旅游景区 | 368 | 34 | 10.8 |
| 1A 级旅游景区 | 0 | 0 | 0.0 |
| 合计 | 7994 | 205 | 39.0 |

从类型（表 3-4）来看，2015 年秦巴山区其他类和主题游乐类景区的平均门票价格相对较高，分别为 97.6 元和 83.8 元；其次是自然景观类、度假休闲类和历史文化类三类景区，平均门票价格分别为 48.7 元、37.8 元和 23.0 元；博物馆类、乡村旅游和红色旅游类三种类型景区的平均门票价格相对较低，分别为 11.1 元、9.4 元和 7.3 元；工业旅游类和科技教育类景区的平均门票价格最低，目前为 0。

表 3-4　2015 年秦巴山区 A 级旅游景区门票价格分类型统计表

| 景区类型 | 门票价格总额/元 | 景区数量/家 | 平均门票价格/元 |
|---|---|---|---|
| 自然景观 | 4574 | 94 | 48.7 |
| 主题游乐 | 754 | 9 | 83.8 |
| 乡村旅游 | 85 | 9 | 9.4 |
| 历史文化 | 990 | 43 | 23.0 |
| 科技教育 | 0 | 0 | 0.0 |
| 红色旅游 | 80 | 11 | 7.3 |
| 工业旅游 | 0 | 2 | 0.0 |
| 度假休闲 | 945 | 25 | 37.8 |

续表

| 景区类型 | 门票价格总额/元 | 景区数量/家 | 平均门票价格/元 |
|---|---|---|---|
| 博物馆 | 78 | 7 | 11.1 |
| 其他 | 488 | 5 | 97.6 |
| 合计 | 7994 | 205 | 39.0 |

# 第二节　游客接待量

2015 年，秦巴山区 A 级旅游景区游客总接待量为 7295.3 万人次，占全国贫困地区 A 级旅游景区接待总量的 18.3%，其中政策性免票人数为 2612.8 万人次，景区平均接待量为 35.6 万人次。

## 一、分等级接待量

2015 年，秦巴山区 A 级旅游景区游客接待量以 4A 级旅游景区最多，共计 4088.6 万人次，占秦巴山区 A 级旅游景区游客接待总量的 56.0%；其次是 3A 和 5A 级旅游景区，游客接待量分别为 1722.4 万人次和 1123.0 万人次，占比分别为 23.6% 和 15.4%；2A 级旅游景区游客接待量相对较少，接待人数为 361.3 万人次，占比为 5.0%（图 3-4）。

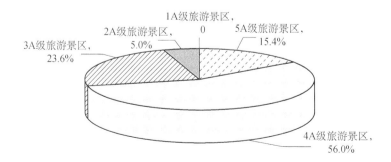

图 3-4　秦巴山区 A 级旅游景区游客接待量分等级分布图

## 二、分类型接待量

2015 年，秦巴山区不同类型 A 级旅游景区游客接待量差异较大，其中自然景观类与历史文化类景区游客接待量最多，分别为 3492.4 万人次和 1367.7 万人次，分别占秦巴山区 A 级旅游景区接待总量的 47.9%和 18.7%；其次是度假休闲类景区，游客接待量为 1003.2 万人次，占比为 13.8%；工业旅游类旅游景区游客接待量最少，为 27.8 万人次，占比仅为 0.4%（图 3-5）。

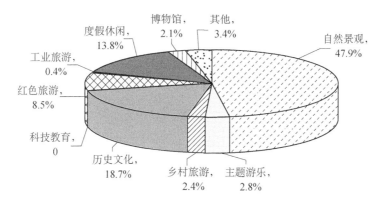

图 3-5　秦巴山区 A 级旅游景区游客接待量分类型分布图

从景区类型和等级（表 3-5、图 3-6）综合来看，自然景观类以 4A 级旅游景区的游客接待量最多，共计 2156.5 万人次；其次是 3A 级旅游景区，游客接待量共计 627.8 万人次。历史文化类中，4A 级旅游景区游客接待量最多，共计 725.4 万人次；其次是 4A 级旅游景区，游客接待量共计 504.7 万人次。

表 3-5　秦巴山区 A 级旅游景区游客接待量分类型等级统计表　（单位：万人次）

| 景区类型 | 5A 级旅游景区 | 4A 级旅游景区 | 3A 级旅游景区 | 2A 级旅游景区 | 1A 级旅游景区 | 合计 |
|---|---|---|---|---|---|---|
| 自然景观 | 558.3 | 2156.5 | 627.8 | 149.8 | 0.0 | 3492.4 |
| 主题游乐 | 0.0 | 128.2 | 66.6 | 10.0 | 0.0 | 204.8 |
| 乡村旅游 | 0.0 | 68.1 | 82.3 | 25.0 | 0.0 | 175.4 |
| 历史文化 | 0.0 | 725.4 | 504.7 | 137.6 | 0.0 | 1367.7 |

续表

| 景区类型 | 5A 级旅游景区 | 4A 级旅游景区 | 3A 级旅游景区 | 2A 级旅游景区 | 1A 级旅游景区 | 合计 |
|---|---|---|---|---|---|---|
| 科技教育 | 0.0 | 0.0 | 0.0 | 0.0 | 0.0 | 0.0 |
| 红色旅游 | 0.0 | 405.6 | 216.8 | 0.0 | 0.0 | 622.4 |
| 工业旅游 | 0.0 | 2.5 | 25.3 | 0.0 | 0.0 | 27.8 |
| 度假休闲 | 365.0 | 475.7 | 128.2 | 34.3 | 0.0 | 1003.2 |
| 博物馆 | 0.0 | 88.1 | 59.4 | 4.6 | 0.0 | 152.1 |
| 其他 | 199.7 | 38.5 | 11.3 | 0.0 | 0.0 | 249.5 |
| 合计 | 1123.0 | 4088.6 | 1722.4 | 361.3 | 0.0 | 7295.3 |

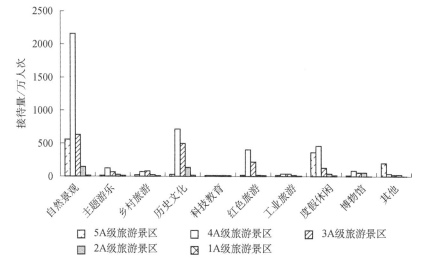

图 3-6　秦巴山区 A 级旅游景区游客接待量分类型等级分布图

# 第三节　收入与投资

## 一、旅游景区总收入情况

2015 年，秦巴山区 A 级旅游景区旅游总收入为 98.8 亿元，占全国贫困地区 A 级景区旅游总收入的 14.7%，景区平均收入为 4817.4 万元。

（一）分等级收入

2015 年秦巴山区 A 级旅游景区总收入以 4A 级旅游景区最高，共计 70.5 亿元，占该地区 A 级景区总收入的 71.4%；其次是 3A 级和 5A 级旅游景区，景区总收入分别为 13.3 亿元和 13.2 亿元，占比分别为 13.5% 和 13.3%；2A 级旅游景区收入相对较少，仅 1.8 亿元，占比为 1.8%（图 3-7）。

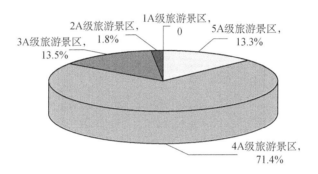

图 3-7 秦巴山区 A 级旅游景区收入分等级分布图

（二）分类型收入

从景区类型（图 3-8）看，2015 年秦巴山区 A 级旅游景区中自然景观类的收入位居榜首，达到 46.6 亿元，占全区 A 级景区总收入的 47.2%；其次是历史文化类景区，景区收入为 27.0 亿元，占 27.3%；工业旅游类景区的收入最少，仅 0.1 亿元，占 0.1%。

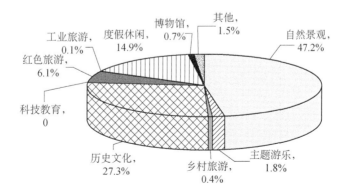

图 3-8 秦巴山区 A 级旅游景区收入分类型分布图

从景区类型和等级（表 3-6、图 3-9）综合来看，自然景观类景区中 4A 级旅游景区收入最多，景区收入为 35.7 亿元；5A 级旅游景区次之，为 5.1 亿元。历史文化类景区中也是 4A 级旅游景区收入最多，为 20.3 亿元；其次是 3A 级旅游景区，为 6.2 亿元。

表 3-6　秦巴山区 A 级旅游景区收入分类型等级统计表　　（单位：亿元）

| 景区类型 | 5A 级旅游景区 | 4A 级旅游景区 | 3A 级旅游景区 | 2A 级旅游景区 | 1A 级旅游景区 | 合计 |
|---|---|---|---|---|---|---|
| 自然景观 | 5.1 | 35.7 | 4.5 | 1.3 | 0.0 | 46.6 |
| 主题游乐 | 0.0 | 1.2 | 0.6 | 0.0 | 0.0 | 1.8 |
| 乡村旅游 | 0.0 | 0.2 | 0.2 | 0.0 | 0.0 | 0.4 |
| 历史文化 | 0.0 | 20.3 | 6.2 | 0.5 | 0.0 | 27.0 |
| 科技教育 | 0.0 | 0.0 | 0.0 | 0.0 | 0.0 | 0.0 |
| 红色旅游 | 0.0 | 6.0 | 0.0 | 0.0 | 0.0 | 6.0 |
| 工业旅游 | 0.0 | 0.0 | 0.1 | 0.0 | 0.0 | 0.1 |
| 度假休闲 | 7.6 | 5.6 | 1.5 | 0.0 | 0.0 | 14.7 |
| 博物馆 | 0.0 | 0.7 | 0.0 | 0.0 | 0.0 | 0.7 |
| 其他 | 0.5 | 0.8 | 0.2 | 0.0 | 0.0 | 1.5 |
| 合计 | 13.2 | 70.5 | 13.3 | 1.8 | 0.0 | 98.8 |

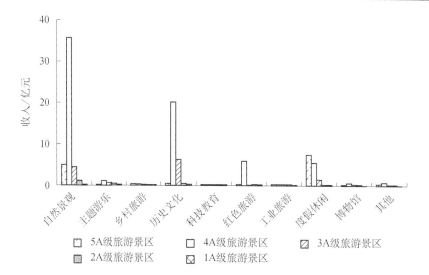

图 3-9　秦巴山区 A 级旅游景区收入分类型等级分布图

## 二、旅游景区分项收入

2015 年，餐饮收入是秦巴山区 A 级旅游景区的重要来源，总额为 28.9 亿元，占本地区 A 级景区总收入的 29.3%；其次是商品、门票、住宿和交通收入，总额分别为 22.4 亿元、18.4 亿元、17.3 亿元和 9.8 亿元，占比分别为 22.7%、18.6%、17.5%和 9.9%；演艺和其他收入相对较少，均为 1.0 亿元，占比均为 1.0%（图 3-10）。

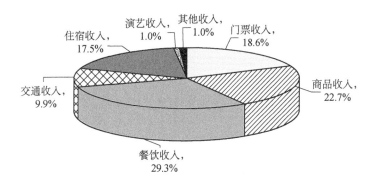

图 3-10　秦巴山区 A 级旅游景区收入构成分布图

### （一）分等级收入

秦巴山区不同等级（表 3-7、图 3-11）A 级旅游景区总收入构成中，4A 级旅游景区总收入所占比较大，占本地区 A 级景区总收入的 71.4%。4A 级旅游景区收入构成中以餐饮、商品、住宿和门票收入为主，分别为 20.6 亿元、18.2 亿元和 12.2 亿元和 11.8 亿元。5A 级和 3A 级旅游景区总收入占比相当，分别占了 13.3%和 13.5%。5A 级旅游景区以门票、餐饮和住宿收入为主，分别是 4.3 亿元、2.9 亿元和 2.3 亿元；3A 级旅游景区以餐饮、住宿、门票和商品收入为主，分别是 5.0 亿元、2.3 亿元、2.0 亿元和 2.0 亿元。

表 3-7　秦巴山区 A 级旅游景区收入构成分等级统计表　　（单位：亿元）

| 景区类型 | 门票收入 | 商品收入 | 餐饮收入 | 交通收入 | 住宿收入 | 演艺收入 | 其他收入 | 合计 |
|---|---|---|---|---|---|---|---|---|
| 5A 级旅游景区 | 4.3 | 2.0 | 2.9 | 1.4 | 2.3 | 0.2 | 0.1 | 13.2 |
| 4A 级旅游景区 | 11.8 | 18.2 | 20.6 | 6.7 | 12.2 | 0.7 | 0.3 | 70.5 |

续表

| 景区类型 | 门票收入 | 商品收入 | 餐饮收入 | 交通收入 | 住宿收入 | 演艺收入 | 其他收入 | 合计 |
|---|---|---|---|---|---|---|---|---|
| 3A 级旅游景区 | 2.0 | 2.0 | 5.0 | 1.6 | 2.3 | 0.1 | 0.3 | 13.3 |
| 2A 级旅游景区 | 0.3 | 0.2 | 0.4 | 0.1 | 0.5 | 0.0 | 0.3 | 1.8 |
| 1A 级旅游景区 | 0.0 | 0.0 | 0.0 | 0.0 | 0.0 | 0.0 | 0.0 | 0.0 |
| 合计 | 18.4 | 22.4 | 28.9 | 9.8 | 17.3 | 1.0 | 1.0 | 98.8 |

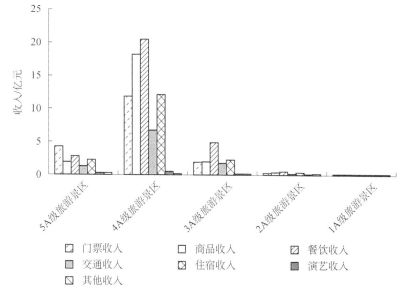

图 3-11　秦巴山区 A 级旅游景区收入构成分等级分布图

## （二）分类型收入

自然景观类和历史文化类景区收入较高，分别为 46.6 亿元和 27.0 亿元。其中，自然景观类旅游景区以门票、餐饮和商品收入为主，分别为 13.3 亿元、10.9 亿元和 10.1 亿元。历史文化类景区以餐饮、商品和住宿收入为主，分别是 10.9 亿元、8.1 亿元和 4.5 亿元（表 3-8、图 3-12）。

表 3-8　秦巴山区 A 级旅游景区收入构成分类型统计表　（单位：亿元）

| 景区类型 | 门票收入 | 商品收入 | 餐饮收入 | 交通收入 | 住宿收入 | 演艺收入 | 其他收入 | 合计 |
|---|---|---|---|---|---|---|---|---|
| 自然景观 | 13.3 | 10.1 | 10.9 | 4.7 | 6.7 | 0.3 | 0.6 | 46.6 |
| 主题游乐 | 0.8 | 0.2 | 0.3 | 0.2 | 0.3 | 0.0 | 0.0 | 1.8 |

| 景区类型 | 门票收入 | 商品收入 | 餐饮收入 | 交通收入 | 住宿收入 | 演艺收入 | 其他收入 | 合计 |
|---|---|---|---|---|---|---|---|---|
| 乡村旅游 | 0.1 | 0.1 | 0.1 | 0.0 | 0.1 | 0.0 | 0.0 | 0.4 |
| 历史文化 | 1.5 | 8.1 | 10.9 | 1.4 | 4.5 | 0.5 | 0.1 | 27.0 |
| 科技教育 | 0.0 | 0.0 | 0.0 | 0.0 | 0.0 | 0.0 | 0.0 | 0.0 |
| 红色旅游 | 0.0 | 1.1 | 1.6 | 1.7 | 1.6 | 0.0 | 0.0 | 6.0 |
| 工业旅游 | 0.0 | 0.0 | 0.1 | 0.0 | 0.0 | 0.0 | 0.0 | 0.1 |
| 度假休闲 | 2.1 | 2.4 | 4.5 | 1.6 | 3.8 | 0.2 | 0.1 | 14.7 |
| 博物馆 | 0.1 | 0.2 | 0.2 | 0.1 | 0.1 | 0.0 | 0.0 | 0.7 |
| 其他 | 0.5 | 0.2 | 0.3 | 0.1 | 0.2 | 0.0 | 0.2 | 1.5 |
| 合计 | 18.4 | 22.4 | 28.9 | 9.8 | 17.3 | 1.0 | 1.0 | 98.8 |

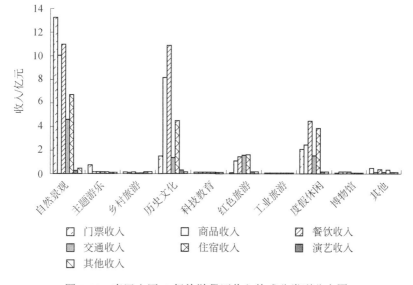

图 3-12　秦巴山区 A 级旅游景区收入构成分类型分布图

## 三、旅游景区投资

2015 年秦巴山区 A 级旅游景区总投资为 80.2 亿元,占中国贫困地区 A 级旅游景区总投资的 26.6%,景区平均投资为 3910.9 万元。其中景区内部建设投资为 60.7 亿元,外部建设投资为 19.3 亿元。

从景区等级(表 3-9)来看,2015 年 4A 级旅游景区建设总投资最多,为

31.7 亿元，占秦巴山区所有 A 级旅游景区当年建设总投资的 39.5%。从景区类型来看，度假休闲类和自然景观类景区的总投资较多，分别为 27.5 亿元和 26.8 亿元。

从景区等级和类型综合来看（图 3-13），度假休闲类景区中 5A 级旅游景区的建设投资最多，达 19.9 亿元；自然景观类景区中 4A 级旅游景区的建设投资较多，为 16.0 亿元。

**表 3-9　秦巴山区 A 级旅游景区建设投资分类型等级统计表**　（单位：亿元）

| 景区类型 | 5A 级旅游景区 | 4A 级旅游景区 | 3A 级旅游景区 | 2A 级旅游景区 | 1A 级旅游景区 | 合计 |
|---|---|---|---|---|---|---|
| 自然景观 | 4.0 | 16.0 | 5.2 | 1.6 | 0.0 | 26.8 |
| 主题游乐 | 0.0 | 0.3 | 0.5 | 0.0 | 0.0 | 0.8 |
| 乡村旅游 | 0.0 | 1.3 | 0.6 | 0.3 | 0.0 | 2.2 |
| 历史文化 | 0.0 | 3.1 | 15.1 | 0.1 | 0.0 | 18.3 |
| 科技教育 | 0.0 | 0.0 | 0.0 | 0.0 | 0.0 | 0.0 |
| 红色旅游 | 0.0 | 2.0 | 0.2 | 0.0 | 0.0 | 2.2 |
| 工业旅游 | 0.0 | 0.0 | 0.0 | 0.0 | 0.1 | 0.1 |
| 度假休闲 | 19.9 | 7.3 | 0.3 | 0.0 | 0.0 | 27.5 |
| 博物馆 | 0.0 | 0.8 | 0.1 | 0.1 | 0.0 | 1.0 |
| 其他 | 0.0 | 0.9 | 0.3 | 0.0 | 0.1 | 1.3 |
| 合计 | 23.9 | 31.7 | 22.3 | 2.1 | 0.2 | 80.2 |

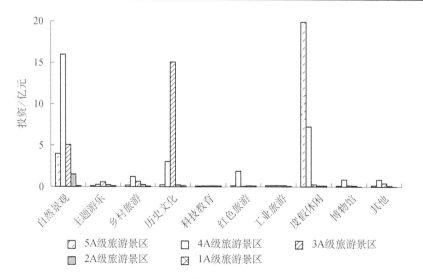

图 3-13　秦巴山区 A 级旅游景区建设投资分类型等级分布图

# 第四节　管理与就业

## 一、经营机构

2015 年，秦巴山区 A 级旅游景区经营机构共 205 家，共分三种类型。其中企业类经营机构最多，为 126 家；其次是事业单位类型经营机构 72 家；行政单位经营管理数量较少，为 7 家（图 3-14）。

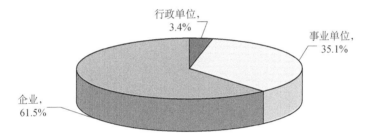

图 3-14　秦巴山区 A 级旅游景区经营管理机构数量分布图

## 二、就业情况

2015 年，秦巴山区 A 级旅游景区固定就业人数共计 21 604 人，占全国贫困地区 A 级旅游景区固定就业总人数的 16.6%，景区平均就业人数为 105.4 人；临时（季节性）就业为 13 763 人次。其中，4A 级旅游景区固定就业人数最多，为 10 140 人，占秦巴山区 A 级旅游景区固定就业总人数的 46.9%（表 3-10）。

表 3-10　秦巴山区 A 级旅游景区固定用工分等级统计表

| 景区类型 | 5A 级旅游景区 | 4A 级旅游景区 | 3A 级旅游景区 | 2A 级旅游景区 | 1A 级旅游景区 | 合计 |
|---|---|---|---|---|---|---|
| 固定用工人数/人 | 2 646 | 10 140 | 8 175 | 643 | 0 | 21 604 |
| 比例/% | 12.2 | 46.9 | 37.8 | 3.0 | 0.0 | 100 |

从景区类型（表 3-11）看，历史文化类景区的固定就业人数最多，为

10 021 人，占本地区 A 级旅游景区固定就业总人数的 46.4%；其次是自然
景观类景区，固定就业人数分别为 7615 人，占本地区 A 级旅游景区固定
就业总人数的 35.3%。其中，历史文化类景区以 3A 和 4A 级固定就业人数较
多，分别为 5734 人和 4149 人；自然景观类景区以 4A 级景区固定就业人数最
多，为 4057 人；其次是 5A 级和 3A 级，分别为 1689 人和 1629 人。

表 3-11　秦巴山区 A 级旅游景区固定用工分类型等级统计表　（单位：人）

| 景区类型 | 5A 级旅游景区 | 4A 级旅游景区 | 3A 级旅游景区 | 2A 级旅游景区 | 1A 级旅游景区 | 合计 |
|---|---|---|---|---|---|---|
| 自然景观 | 1 689 | 4 057 | 1 629 | 240 | 0 | 7 615 |
| 主题游乐 | 0 | 272 | 176 | 10 | 0 | 458 |
| 乡村旅游 | 0 | 79 | 113 | 16 | 0 | 208 |
| 历史文化 | 0 | 4 149 | 5 734 | 138 | 0 | 10 021 |
| 科技教育 | 0 | 0 | 0 | 0 | 0 | 0 |
| 红色旅游 | 0 | 425 | 98 | 0 | 0 | 523 |
| 工业旅游 | 0 | 39 | 46 | 0 | 0 | 85 |
| 度假休闲 | 881 | 820 | 198 | 227 | 0 | 2 126 |
| 博物馆 | 0 | 49 | 60 | 12 | 0 | 121 |
| 其他 | 76 | 250 | 121 | 0 | 0 | 447 |
| 合计 | 2 646 | 10 140 | 8 175 | 643 | 0 | 21 604 |

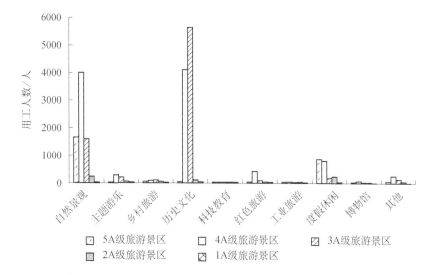

图 3-15　秦巴山区 A 级旅游景区固定用工分类型等级分布图

## 三、导游情况

2015 年秦巴山区 A 级旅游景区导游总数为 1877 人，占全国贫困地区 A 级旅游景区导游总数的 19.4%，景区平均导游数量为 9.2 人。其中 4A 级旅游景区导游人数最多，为 915 人，占秦巴山区 A 级旅游景区导游总量的 48.7%；然后是 5A 和 3A 级旅游景区，分别为 452 人和 447 人，分别占秦巴山区 A 级旅游景区导游总量的 24.1%和 23.8%（表 3-12、图 3-16）。

**表 3-12　秦巴山区 A 级旅游景区导游数量分等级统计表**

| 景区等级 | 5A 级旅游景区 | 4A 级旅游景区 | 3A 级旅游景区 | 2A 级旅游景区 | 1A 级旅游景区 | 合计 |
|---|---|---|---|---|---|---|
| 导游人数/人 | 452 | 915 | 447 | 63 | 0 | 1877 |
| 比例/% | 24.1 | 48.7 | 23.8 | 3.4 | 0.0 | 100.0 |

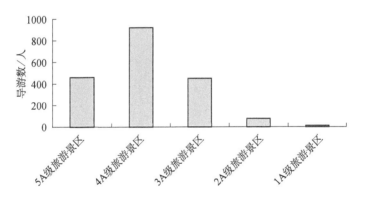

图 3-16　2015 年秦巴山区 A 级旅游景区导游人员分等级分布图

# 第四章

## 武陵山区 A 级旅游景区发展情况

武陵山区（表 4-1）幅员辽阔，是我国华中腹地，因其地区大部分地处武陵山脉而得名，以横跨湖北、湖南、重庆、贵州四省的武陵山为核心，辐射湖北、湖南、重庆和贵州四省毗邻地区的 64 个县（市、自治县、特区），其中湖北 11 个县（市、自治县）、湖南 31 个县（市、自治县）、重庆 7 个县（自治县）和贵州 15 个县（市、自治县、特区）。武陵山区自古以来就是内接湖广，西通巴蜀，北连关中，各民族南来北往频繁的地区。区内最大河流沅江流贯全境。区内聚居着土家族、汉族、瑶族、苗族、侗族等少数民族。

区域自然人文旅游资源丰富，境内拥有武陵源风景名胜区、中国土司城遗址（唐崖土司城遗址）和中国南方喀斯特（重庆武隆）为代表的世界自然、文化遗产，以及重庆武隆喀斯特旅游区、长阳清江画廊风景区、神农溪纤夫文化旅游区、恩施大峡谷旅游风景区、重庆酉阳桃花源景区和宜昌市三峡大坝—屈原故里旅游区 6 个国家 5A 级景区。

表 4-1　武陵山区行政区划

| 省 | 市（自治州、地区） | 县（市、自治县、特区） |
|---|---|---|
| 湖北（11） | 宜昌市 | 秭归县、长阳土家族自治县、五峰土家族自治县 |
| | 恩施土家族苗族自治州 | 恩施市、利川市、建始县、巴东县、宣恩县、咸丰县、来凤县、鹤峰县 |
| 湖南（31） | 邵阳市 | 新邵县、邵阳县、隆回县、洞口县、绥宁县、新宁县、城步苗族自治县、武冈市 |
| | 常德市 | 石门县 |
| | 张家界市 | 慈利县、桑植县 |
| | 益阳市 | 安化县 |
| | 怀化市 | 中方县、沅陵县、辰溪县、溆浦县、会同县、麻阳苗族自治县、新晃侗族自治县、芷江侗族自治县、靖州苗族侗族自治县、通道侗族自治县 |
| | 娄底市 | 新化县、涟源市 |
| | 湘西土家族苗族自治州 | 泸溪县、凤凰县、保靖县、古丈县、永顺县、龙山县、花垣县 |
| 重庆（7） | 重庆市 | 丰都县、石柱土家族自治县、秀山土家族苗族自治县、西阳土家族苗族自治县、彭水苗族土家族自治县、黔江区、武隆县 |
| 贵州（15） | 遵义市 | 正安县、道真仡佬族苗族自治县、务川仡佬族苗族自治县、凤冈县、湄潭县 |
| | 铜仁地区 | 铜仁市、江口县、玉屏侗族自治县、石阡县、思南县、印江土家族苗族自治县、德江县、沿河土家族自治县、松桃苗族自治县、万山特区 |

# 第一节　数量与门票价格

2015 年，武陵山区 A 级旅游景区共计 152 家，占贫困区 A 级景区总量的 13.9%，占全国 A 级景区总量的 1.9%。

## 一、等级构成

武陵山区有 5A 级旅游景区 6 家，占该区 A 级旅游景区总量的 3.9%；4A 级旅游景区 54 家，占比 35.5%；3A 级旅游景区 64 家，占比 42.1%；2A 级旅游景区 27 家，占比 17.8%；1A 级旅游景区仅 1 家，占比为 0.7%（图 4-1）。

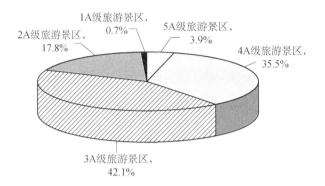

图 4-1　武陵山区 A 级旅游景区分等级分布图

## 二、类型构成

武陵山区 A 级旅游景区以自然景观类数量最多，共计 61 家，占该区 A 级景区总数的 40.1%；其次是历史文化类景区，共计 27 家，占比 17.8%；紧随其后的是度假休闲类景区，为 24 家，占比 15.8%；其他类型景区共计 39 家，占比为 25.7%；科技教育类景区数量最少，仅为 1 家，占比仅为 0.7%（图 4-2）。

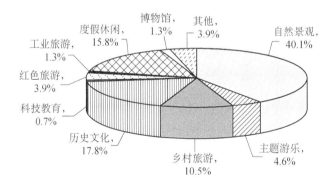

图 4-2　武陵山区 A 级旅游景区分类型分布图

从景区等级和类型（表 4-2、图 4-3）来看，自然景观类中 4A 级旅游景区数量最多，共计 26 家，其次是 3A 级旅游景区，共计 21 家；历史文化类中 3A 级旅游景区数量最多，共计 12 家，其次是 4A 级旅游景区，共计 11 家。

**表 4-2　武陵山区 A 级旅游景区分类型等级统计表**　（单位：家）

| 景区类型 | 5A 级旅游景区 | 4A 级旅游景区 | 3A 级旅游景区 | 2A 级旅游景区 | 1A 级旅游景区 | 合计 |
|---|---|---|---|---|---|---|
| 自然景观 | 5 | 26 | 21 | 8 | 1 | 61 |
| 主题游乐 | 0 | 3 | 2 | 2 | 0 | 7 |
| 乡村旅游 | 0 | 4 | 10 | 2 | 0 | 16 |
| 历史文化 | 1 | 11 | 12 | 3 | 0 | 27 |
| 科技教育 | 0 | 0 | 1 | 0 | 0 | 1 |
| 红色旅游 | 0 | 0 | 3 | 3 | 0 | 6 |
| 工业旅游 | 0 | 0 | 1 | 1 | 0 | 2 |
| 度假休闲 | 0 | 7 | 9 | 8 | 0 | 24 |
| 博物馆 | 0 | 1 | 1 | 0 | 0 | 2 |
| 其他 | 0 | 2 | 4 | 0 | 0 | 6 |
| 合计 | 6 | 54 | 64 | 27 | 1 | 152 |

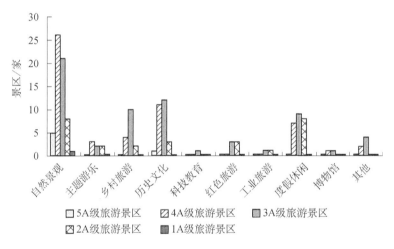

图 4-3　武陵山区 A 级旅游景区分类型等级分布图

## 三、门票价格

2015 年，武陵山区 152 家 A 级旅游景区的门票价格总计 7836 元，平均门票价格为 51.6 元，较全国平均水平高了 20.6 元。

从景区等级来看，5A 级旅游景区的平均门票价格最高，达到 119.2 元；其次是 4A 和 3A 级景区，平均门票价格分别为 78.3 元和 37.1 元；2A 级景区的平均门票价格为 19.1 元，1A 级旅游景区平均门票价格最低，为 3 元（表 4-3）。

表 4-3　2015 年武陵山区 A 级旅游景区门票价格分等级统计表

| 景区等级 | 门票价格总额/元 | 景区数量/家 | 平均门票价格/元 |
|---|---|---|---|
| 5A 级旅游景区 | 715 | 6 | 119.2 |
| 4A 级旅游景区 | 4229 | 54 | 78.3 |
| 3A 级旅游景区 | 2374 | 64 | 37.1 |
| 2A 级旅游景区 | 515 | 27 | 19.1 |
| 1A 级旅游景区 | 3 | 1 | 3 |
| 合计 | 7836 | 152 | 51.6 |

从类型（表 4-4）来看，2015 年武陵山区其他类和主题游乐类景区的平均门票价格相对较高，分别为 104.0 元和 91.0 元；其次是自然景观类、历史文化类、科技教育类和度假休闲类四类景区，平均门票价格分别为 69.1 元、40.8 元、35.0 元和 29.9 元；工业旅游类、乡村旅游类和红色旅游类三种类型景区的平均门票价格相对较低，分别为 27.0 元、23.8 元和 11.3 元；博物馆类景区的平均门票价格最低，目前为 0。

表 4-4　2015 年武陵山区 A 级旅游景区门票价格分类型统计表

| 景区类型 | 门票价格总额/元 | 景区数量/家 | 平均门票价格/元 |
|---|---|---|---|
| 自然景观 | 4218 | 61 | 69.1 |
| 主题游乐 | 637 | 7 | 91.0 |
| 乡村旅游 | 381 | 16 | 23.8 |
| 历史文化 | 1102 | 27 | 40.8 |
| 科技教育 | 35 | 1 | 35.0 |
| 红色旅游 | 68 | 6 | 11.3 |
| 工业旅游 | 54 | 2 | 27.0 |
| 度假休闲 | 717 | 24 | 29.9 |
| 博物馆 | 0 | 2 | 0.0 |
| 其他 | 624 | 6 | 104.0 |
| 合计 | 7836 | 152 | 51.6 |

# 第二节　游客接待量

2015 年，武陵山区 A 级旅游景区游客总接待量为 6014.5 万人次，占全国贫困地区 A 级旅游景区接待总量的 15.1%，其中政策性免票人数为 2357.1 万人次，景区平均接待量为 39.6 万人次。

## 一、分等级接待量

2015 年，武陵山区 A 级旅游景区游客接待量以 4A 级旅游景区最多，共计 2873.5 万人次，占武陵山区 A 级旅游景区游客接待总量的 47.8%；其次是 3A 和 5A 级旅游景区，游客接待量分别为 1703.3 万人次和 917.5 万人次，占比分别为 28.3% 和 15.3%；2A 级旅游景区游客接待量相对较少，接待人数为 504.9 万人次，占比为 8.4%；1A 级旅游景区游客接待量最少，接待人数为 15.3 万人次，占比为 0.3%（图 4-4）。

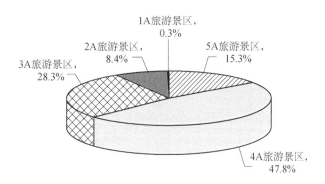

图 4-4　武陵山区 A 级旅游景区游客接待量分等级分布图

## 二、分类型接待量

2015 年，武陵山区不同类型 A 级旅游景区游客接待量差异较大，其中自然景观类与历史文化类景区游客接待量最多，分别为 2661.3 万人次和 1280.0 万人次，分别占武陵山区 A 级旅游景区接待总量的 44.2% 和 21.3%；其次是乡村旅游类景区，游客接待量为 730.7 万人次，占比为 12.1%；工业旅游类与科技教育类旅游景区游客接待量最少，分别为 21.2 万人次和 3.6 万人次，占比分别仅为 0.4% 和 0.1%（图 4-5）。

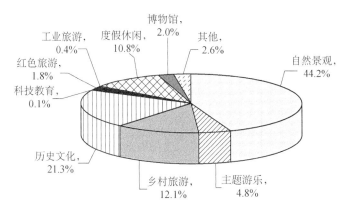

图 4-5　武陵山区 A 级旅游景区游客接待量分类型分布图

　　从景区类型和等级（表 4-5、图 4-6）综合来看，自然景观类以 4A 级旅游景区的游客接待量最多，共计 1395.4 万人次，其次是 5A 级旅游景区，游客接待量共计 670.4 万人次；历史文化类中 4A 级旅游景区游客接待量最多，共计 585.8 万人次，其次是 3A 级旅游景区，游客接待量共计 432.0 万人次。

**表 4-5　武陵山区 A 级旅游景区游客接待量分类型等级统计表** （单位：万人次）

| 景区类型 | 5A 级旅游景区 | 4A 级旅游景区 | 3A 级旅游景区 | 2A 级旅游景区 | 1A 级旅游景区 | 合计 |
|---|---|---|---|---|---|---|
| 自然景观 | 670.4 | 1395.4 | 439.9 | 140.3 | 15.3 | 2661.3 |
| 主题游乐 | 0.0 | 206.5 | 34.1 | 45.4 | 0.0 | 286.0 |
| 乡村旅游 | 0.0 | 318.1 | 372.3 | 40.3 | 0.0 | 730.7 |
| 历史文化 | 247.1 | 585.8 | 432.0 | 15.1 | 0.0 | 1280.0 |
| 科技教育 | 0.0 | 0.0 | 3.6 | 0.0 | 0.0 | 3.6 |
| 红色旅游 | 0.0 | 0.0 | 41.6 | 65.0 | 0.0 | 106.6 |
| 工业旅游 | 0.0 | 0.0 | 15.7 | 5.5 | 0.0 | 21.2 |

右上角：续表

| 景区类型 | 5A级旅游景区 | 4A级旅游景区 | 3A级旅游景区 | 2A级旅游景区 | 1A级旅游景区 | 合计 |
|---|---|---|---|---|---|---|
| 度假休闲 | 0.0 | 223.1 | 235.2 | 193.3 | 0.0 | 651.6 |
| 博物馆 | 0.0 | 107.6 | 12.4 | 0.0 | 0.0 | 120.0 |
| 其他 | 0.0 | 37.0 | 116.5 | 0.0 | 0.0 | 153.5 |
| 合计 | 917.5 | 2873.5 | 1703.3 | 504.9 | 15.3 | 6014.5 |

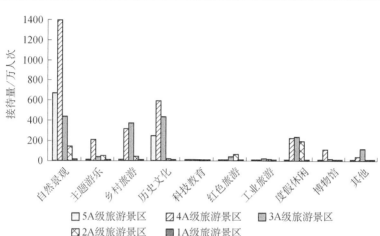

图4-6　武陵山区 A 级旅游景区游客接待量分类型等级分布图

# 第三节　收入与投资

## 一、旅游景区总收入情况

2015 年，武陵山区 A 级旅游景区旅游总收入为 110.1 亿元，占全国贫困地区 A 级景区旅游总收入的 16.4%，景区平均收入为 7246.2 万元。

### （一）分等级收入

2015 年武陵山区 A 级旅游景区总收入以 4A 级旅游景区最高，共计 67.5

亿元，占该地区 A 级景区总收入的 61.3%；其次是 3A 级旅游景区，景区总收入共计 25.9 亿元，占比 23.5%；5A 级和 2A 级旅游景区收入相对较少，总收入分别为 11.9 亿元和 4.7 亿元，占比分别为 10.8% 和 4.3%；1A 级旅游景区收入最少，为 529.6 万元，占比不足 0.1%（图 4-7）。

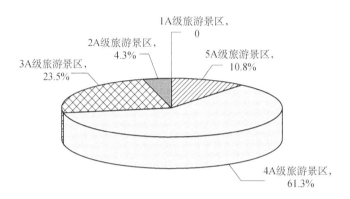

图 4-7　武陵山区 A 级旅游景区收入分等级分布图

## （二）分类型收入

从景区类型看，2015 年武陵山区 A 级旅游景区中自然景观类的收入位居榜首，达到 62.8 亿元，占全区 A 级景区总收入的 57.0%；其次是历史文化类景区，景区收入为 17.7 亿元，占比 16.1%；博物馆类景区的收入最少，仅 50.0 万元，占比不足 0.1%（图 4-8）。

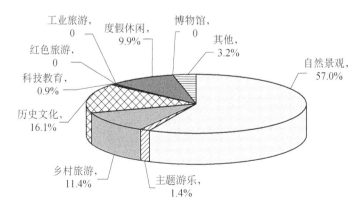

图 4-8　武陵山区 A 级旅游景区收入分类型分布图

从景区类型和等级（表4-6、图4-9）综合来看，自然景观类景区中4A级旅游景区收入最多，景区收入为43.1亿元，5A级旅游景区次之，为11.0亿元。历史文化类景区中也是4A级旅游景区收入最多，为9.7亿元，其次是3A级旅游景区，为7.0亿元。

表4-6　武陵山区A级旅游景区收入分类型等级统计表　（单位：亿元）

| 景区类型 | 5A级旅游景区 | 4A级旅游景区 | 3A级旅游景区 | 2A级旅游景区 | 1A级旅游景区 | 合计 |
|---|---|---|---|---|---|---|
| 自然景观 | 11.0 | 43.1 | 7.7 | 0.9 | 0.1 | 62.8 |
| 主题游乐 | 0.0 | 0.6 | 0.9 | 0.1 | 0.0 | 1.6 |
| 乡村旅游 | 0.0 | 7.8 | 3.9 | 0.9 | 0.0 | 12.6 |
| 历史文化 | 0.9 | 9.7 | 7.0 | 0.1 | 0.0 | 17.7 |
| 科技教育 | 0.0 | 0.0 | 0.0 | 0.0 | 0.0 | 0.0 |
| 红色旅游 | 0.0 | 0.0 | 0.5 | 0.5 | 0.0 | 1.0 |
| 工业旅游 | 0.0 | 0.0 | 0.0 | 0.0 | 0.0 | 0.0 |
| 度假休闲 | 0.0 | 5.0 | 3.7 | 2.2 | 0.0 | 10.9 |
| 博物馆 | 0.0 | 0.0 | 0.0 | 0.0 | 0.0 | 0.0 |
| 其他 | 0.0 | 1.3 | 2.2 | 0.0 | 0.0 | 3.5 |
| 合计 | 11.9 | 67.5 | 25.9 | 4.7 | 0.1 | 110.1 |

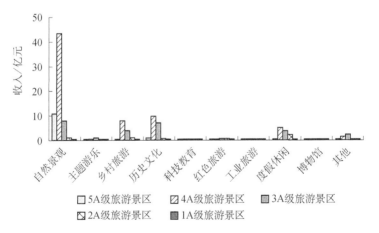

图4-9　武陵山区A级旅游景区收入分类型等级分布图

## 二、旅游景区分项收入

2015 年，餐饮收入是武陵山区 A 级旅游景区的重要来源，总额为 32.4 亿元，占本地区 A 级景区总收入的 29.4%；其次是商品、住宿、门票和交通收入，总额分别为 22.4 亿元、22.4 亿元、20.1 亿元和 9.1 亿元，占比分别为 20.3%、20.3%、18.3% 和 8.3%；演艺收入相对较少，为 2.6 亿元，占比为 2.4%；其他收入最少，为 1.1 亿元，占比仅为 1.0%（图 4-10）。

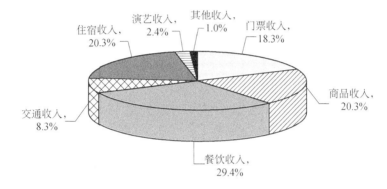

图 4-10　武陵山区 A 级旅游景区收入构成分布图

### （一）分等级收入

武陵山区不同等级 A 级旅游景区总收入构成中，4A 和 3A 级旅游景区总收入所占比重较大，两者共占本地区 A 级景区总收入的 84.8%。其中，4A 级旅游景区收入构成中以餐饮、住宿、商品和门票收入为主，分别为 19.6 亿元、16.4 亿元、14.4 亿元和 11.2 亿元。3A 级旅游景区以餐饮、商品和住宿收入为主，分别是 10.3 亿元、5.8 亿元和 4.6 亿元（表 4-7、图 4-11）。

表 4-7　武陵山区 A 级旅游景区收入构成分等级统计表　　（单位：亿元）

| 景区类型 | 门票收入 | 商品收入 | 餐饮收入 | 交通收入 | 住宿收入 | 演艺收入 | 其他收入 | 合计 |
|---|---|---|---|---|---|---|---|---|
| 5A 级旅游景区 | 6.7 | 1.0 | 0.4 | 2.5 | 0.4 | 0.9 | 0.0 | 11.9 |
| 4A 级旅游景区 | 11.2 | 14.4 | 19.6 | 4.5 | 16.4 | 1.0 | 0.4 | 67.5 |

续表

| 景区类型 | 门票收入 | 商品收入 | 餐饮收入 | 交通收入 | 住宿收入 | 演艺收入 | 其他收入 | 合计 |
|---|---|---|---|---|---|---|---|---|
| 3A级旅游景区 | 2.1 | 5.8 | 10.3 | 2.0 | 4.6 | 0.6 | 0.5 | 25.9 |
| 2A级旅游景区 | 0.1 | 1.2 | 2.1 | 0.1 | 1.0 | 0.1 | 0.1 | 4.7 |
| 1A级旅游景区 | 0.0 | 0.0 | 0.0 | 0.0 | 0.0 | 0.0 | 0.1 | 0.1 |
| 合计 | 20.1 | 22.4 | 32.4 | 9.1 | 22.4 | 2.6 | 1.1 | 110.1 |

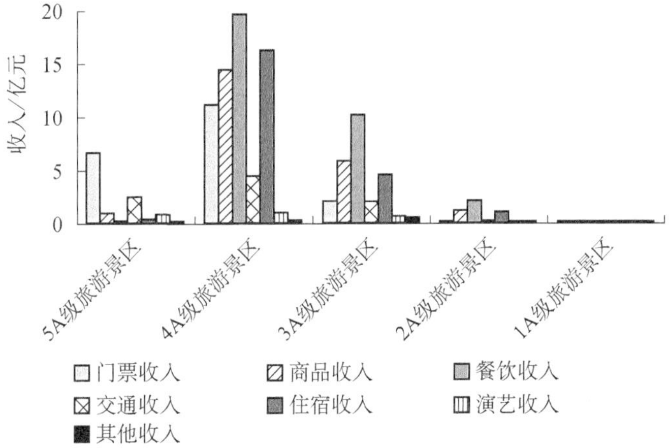

图 4-11　武陵山区 A 级旅游景区收入构成分等级分布图

## （二）分类型收入

自然景观类和历史文化类景区收入较高，分别为 62.8 亿元和 17.7 亿元。其中，自然景观类旅游景区以餐饮、门票、住宿和商品收入为主，分别为 15.7 亿元、13.5 亿元、13.3 亿元和 12.8 亿元。历史文化类景区也是以餐饮、门票、住宿和商品收入为主，分别是 6.3 亿元、3.4 亿元、3.1 亿元和 2.8 亿元（表 4-8、图 4-12）。

表 4-8　武陵山区 A 级旅游景区收入构成分类型统计表　（单位：亿元）

| 景区类型 | 门票收入 | 商品收入 | 餐饮收入 | 交通收入 | 住宿收入 | 演艺收入 | 其他收入 | 合计 |
|---|---|---|---|---|---|---|---|---|
| 自然景观 | 13.5 | 12.8 | 15.7 | 5.3 | 13.3 | 1.6 | 0.6 | 62.8 |
| 主题游乐 | 0.7 | 0.0 | 0.5 | 0.0 | 0.4 | 0.0 | 0.0 | 1.6 |
| 乡村旅游 | 0.8 | 4.4 | 3.4 | 1.4 | 1.8 | 0.6 | 0.2 | 12.6 |

续表

| 景区类型 | 门票收入 | 商品收入 | 餐饮收入 | 交通收入 | 住宿收入 | 演艺收入 | 其他收入 | 合计 |
|---|---|---|---|---|---|---|---|---|
| 历史文化 | 3.4 | 2.8 | 6.3 | 1.6 | 3.1 | 0.4 | 0.1 | 17.7 |
| 科技教育 | 0.0 | 0.0 | 0.0 | 0.0 | 0.0 | 0.0 | 0.0 | 0.0 |
| 红色旅游 | 0.0 | 0.2 | 0.5 | 0.1 | 0.2 | 0.0 | 0.0 | 1.0 |
| 工业旅游 | 0.0 | 0.0 | 0.0 | 0.0 | 0.0 | 0.0 | 0.0 | 0.0 |
| 度假休闲 | 1.4 | 1.4 | 4.5 | 0.6 | 2.8 | 0.0 | 0.2 | 10.9 |
| 博物馆 | 0.0 | 0.0 | 0.0 | 0.0 | 0.0 | 0.0 | 0.0 | 0.0 |
| 其他 | 0.3 | 0.8 | 1.5 | 0.1 | 0.8 | 0.0 | 0.0 | 3.5 |
| 合计 | 20.1 | 22.4 | 32.4 | 9.1 | 22.4 | 2.6 | 1.1 | 110.1 |

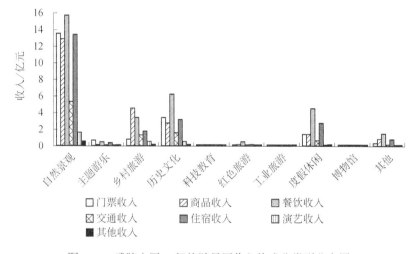

图 4-12　武陵山区 A 级旅游景区收入构成分类型分布图

## 三、旅游景区投资

2015 年武陵山区 A 级旅游景区总投资为 48.3 亿元，占中国贫困地区 A 级旅游景区总投资的 16.0%，景区平均投资为 3176.5 万元。其中景区内部建设投资为 34.8 亿元，外部建设投资为 13.5 亿元。

从景区等级（表 4-9）来看，2015 年 4A 级旅游景区建设总投资最多，为 22.7 亿元，占武陵山区所有 A 级旅游景区当年建设总投资的 47.0%。从景区类型来看，自然景观类和历史文化类景区的总投资较多，分别是 22.3 亿元和

12.3 亿元。

从景区等级和类型（图 4-13）综合来看，自然景观类景区中 4A 级旅游景区的建设投资最多，达 12.1 亿元；历史文化类景区中 3A 级旅游景区的建设投资较多，为 8.1 亿元。

表 4-9　武陵山区 A 级旅游景区建设投资分类型等级统计表　　（单位：亿元）

| 景区类型 | 5A 级旅游景区 | 4A 级旅游景区 | 3A 级旅游景区 | 2A 级旅游景区 | 1A 级旅游景区 | 合计 |
|---|---|---|---|---|---|---|
| 自然景观 | 7.0 | 12.1 | 3.0 | 0.2 | 0.0 | 22.3 |
| 主题游乐 | 0.0 | 0.9 | 0.1 | 0.0 | 0.0 | 1.0 |
| 乡村旅游 | 0.0 | 3.1 | 1.7 | 1.2 | 0.0 | 6.0 |
| 历史文化 | 0.1 | 3.8 | 8.1 | 0.3 | 0.0 | 12.3 |
| 科技教育 | 0.0 | 0.0 | 0.0 | 0.0 | 0.0 | 0.0 |
| 红色旅游 | 0.0 | 0.0 | 0.0 | 0.2 | 0.0 | 0.2 |
| 工业旅游 | 0.0 | 0.0 | 0.8 | 0.0 | 0.0 | 0.8 |
| 度假休闲 | 0.0 | 2.7 | 1.2 | 0.4 | 0.0 | 4.3 |
| 博物馆 | 0.0 | 0.0 | 0.0 | 0.0 | 0.0 | 0.0 |
| 其他 | 0.0 | 0.1 | 1.3 | 0.0 | 0.0 | 1.4 |
| 合计 | 7.1 | 22.7 | 16.2 | 2.3 | 0.0 | 48.3 |

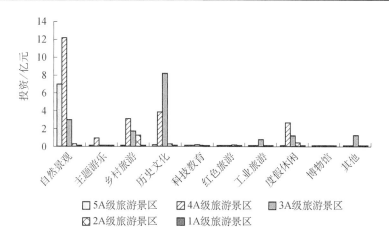

图 4-13　武陵山区 A 级旅游景区建设投资分类型等级分布图

## 第四节　管理与就业

### 一、经营机构

2015 年，武陵山区 A 级旅游景区经营机构共 152 家，共分两种类型。其中企业类经营机构较多，为 123 家；其次是事业单位类型经营机构 29 家（图 4-14）。

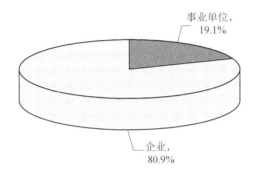

图 4-14　武陵山区 A 级旅游景区经营管理机构数量分布图

### 二、就业情况

2015 年，武陵山区 A 级旅游景区固定就业人数共计 21 097 人，占全国贫困地区 A 级旅游景区固定就业总人数的 16.2%，景区平均就业人数为 138.8 人；临时（季节性）就业为 54 657 人次。其中，4A 级旅游景区固定就业人数最多，为 11540 人，占武陵山区 A 级旅游景区固定就业总人数的 54.7%（表 4-10）。

表 4-10　武陵山区 A 级旅游景区固定用工分等级统计表

| 景区等级 | 5A 级旅游景区 | 4A 级旅游景区 | 3A 级旅游景区 | 2A 级旅游景区 | 1A 级旅游景区 | 合计 |
| --- | --- | --- | --- | --- | --- | --- |
| 固定用工人数/人 | 4 052 | 11 540 | 3 778 | 1 708 | 19 | 21 097 |
| 比例/% | 19.2 | 54.7 | 17.9 | 8.1 | 0.1 | 100.0 |

从景区类型（表 4-11、图 4-15）看，自然景观类景区的固定就业人数

最多，为 7800 人，占本地区 A 级旅游景区固定就业总人数的 37.0%；其次是度假休闲类和历史文化类景区，固定就业人数分别为 5609 人和 3911 人，分别占本地区 A 级旅游景区固定就业总人数的 26.6% 和 18.5%。其中，自然景观类景区以 4A 和 5A 级固定就业人数较多，分别为 4034 人和 2354 人；度假休闲类景区以 4A 和 3A 级固定就业人数较多，分别为 4396 人和 622 人；历史文化类景区以 5A 和 4A 级固定就业人数较多，分别为 1698 人和 1589 人。

表 4-11　武陵山区 A 级旅游景区固定用工分类型等级统计表　（单位：人）

| 景区类型 | 5A 级旅游景区 | 4A 级旅游景区 | 3A 级旅游景区 | 2A 级旅游景区 | 1A 级旅游景区 | 合计 |
|---|---|---|---|---|---|---|
| 自然景观 | 2 354 | 4 034 | 1 036 | 357 | 19 | 7 800 |
| 主题游乐 | 0 | 632 | 20 | 39 | 0 | 691 |
| 乡村旅游 | 0 | 834 | 1 182 | 620 | 0 | 2 636 |
| 历史文化 | 1 698 | 1 589 | 559 | 65 | 0 | 3 911 |
| 科技教育 | 0 | 0 | 12 | 0 | 0 | 12 |
| 红色旅游 | 0 | 0 | 34 | 33 | 0 | 67 |
| 工业旅游 | 0 | 0 | 80 | 3 | 0 | 83 |
| 度假休闲 | 0 | 4 396 | 622 | 591 | 0 | 5 609 |
| 博物馆 | 0 | 40 | 11 | 0 | 0 | 51 |
| 其他 | 0 | 15 | 222 | 0 | 0 | 237 |
| 合计 | 4 052 | 11 540 | 3 778 | 1 708 | 19 | 21 097 |

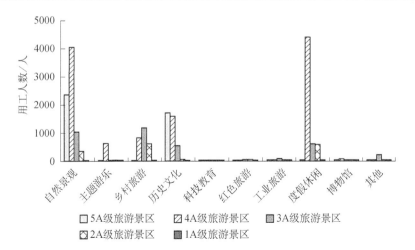

图 4-15　武陵山区 A 级旅游景区固定用工分类型等级分布图

## 三、导游情况

2015 年，武陵山区 A 级旅游景区导游总数为 1855 人，占全国贫困地区 A 级旅游景区导游总数的 19.2%，景区平均导游数量为 12.2 人。其中 4A 级旅游景区导游人数最多，为 1114 人，占武陵山区 A 级旅游景区导游总量的 60.1%（表 4-12、图 4-16）。

**表 4-12    武陵山区 A 级旅游景区导游数量分等级统计表**

| 景区等级 | 5A 级旅游景区 | 4A 级旅游景区 | 3A 级旅游景区 | 2A 级旅游景区 | 1A 级旅游景区 | 合计 |
|---|---|---|---|---|---|---|
| 导游人数/人 | 311 | 1114 | 348 | 80 | 2 | 1855 |
| 比例/% | 16.8 | 60.1 | 18.8 | 4.3 | 0.1 | 100.0 |

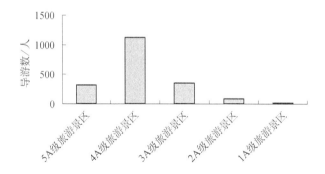

图 4-16    2015 年武陵山区 A 级旅游景区导游人员分等级分布图

# 第五章

# 乌蒙山区 A 级旅游景区发展情况

乌蒙山区（表 5-1）位于滇东高原北部和贵州高原西北部，以横跨四川、贵州、云南三省的乌蒙山为核心，辐射四川、贵州和云南三省毗邻地区的 38 个县（市、自治县），其中四川省 13 个县（自治县）、贵州省 10 个县（市、自治县）和云南省 15 个县（市、自治县）。该区总面积为 11 万平方公里，集革命老区、民族地区、边远山区、贫困地区于一体，是贫困人口分布广、少数民族聚集多的连片特困地区，也是全国新一轮扶贫攻坚的六大片区之一。截至 2010 年年末，区域总人口为 2000 多万人，城镇和乡村人口分别为 585.81 万人和 1667.23 万人，城镇化率仅为 26%。少数民族人口占总人口的 20.86%。

该区域自然人文旅游资源禀赋突出。举世闻名的红军两万五千里长征曾经过乌蒙山区，毛主席在《七律·长征》诗中写下"乌蒙磅礴走泥丸"的宏伟诗句。区域核心乌蒙山国家地质公园是典型的喀斯特地质博物馆，拥有青藏高原东坡新生代以来各个时期形成的各种类型的喀斯特地质遗迹和地貌景观。该区还拥有以赤水大瀑布景区、燕子岩国家森林公园、太平古镇景区、会泽大海草山景区和中国丹霞谷旅游风景区为代表的众多高品质旅游景区。

表 5-1　乌蒙山区行政区划

| 省 | 市（自治州、地区） | 县（市、自治县） |
|---|---|---|
| 四川（13） | 泸州市 | 叙永县、古蔺县 |
| | 乐山市 | 沐川县、马边彝族自治县 |
| | 宜宾市 | 屏山县 |
| | 凉山彝族自治州 | 普格县、布拖县、金阳县、昭觉县、喜德县、越西县、美姑县、雷波县 |
| 贵州（10） | 遵义市 | 桐梓县、习水县、赤水市 |
| | 毕节地区 | 毕节市、大方县、黔西县、织金县、纳雍县、威宁彝族回族苗族自治县、赫章县 |
| 云南（15） | 昆明市 | 禄劝彝族苗族自治县、寻甸回族彝族自治县 |
| | 曲靖市 | 会泽县、宣威市 |
| | 昭通市 | 昭阳区、鲁甸县、巧家县、盐津县、大关县、永善县、绥江县、镇雄县、彝良县、威信县 |
| | 楚雄彝族自治州 | 武定县 |

# 第一节　数量与门票价格

2015 年，乌蒙山区 A 级旅游景区共计 26 家，占贫困区 A 级景区总量的 2.4%，占全国 A 级景区总量的 0.3%。

## 一、等级构成

乌蒙山区 A 级旅游景区等级结构较为简单，仅有 4A、3A 和 2A 三个等级。其中，4A 级旅游景区最多，为 14 家，占该区 A 级旅游景区总量的 53.8%；其次是 3A 级旅游景区，为 7 家，占比为 26.9%；2A 级旅游景区，为 5 家，占比为 19.2%；无 5A 和 1A 级旅游景区（图 5-1）。

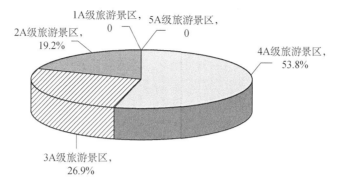

图 5-1　乌蒙山区 A 级旅游景区分等级分布图

## 二、类型构成

乌蒙山区 A 级旅游景区以自然景观类数量最多，共计 14 家，占该区 A 级景区总数的 53.8%；其次是乡村旅游类、历史文化类和度假休闲类景区，均为 3 家，占比均为 11.5%；科技教育类、红色旅游类和博物馆类景区数量最少，均仅为 1 家，占比均仅为 3.8%。无主题游乐类、工业旅游类和其他类景区（图 5-2）。

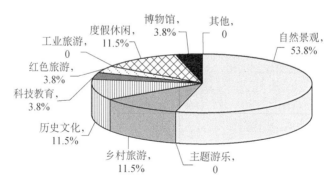

图 5-2　乌蒙山区 A 级旅游景区分类型分布图

从景区等级和类型来看（表 5-2、图 5-3），自然景观类中 4A 级旅游景区数量最多，共计 10 家；其次是 2A 级旅游景区，共计 3 家；乡村旅游类和度假休闲类景区，3A 级均为 2 家，4A 级均为 1 家；历史文化类景区中 4A、3A、

2A 级景区各 1 家。

表 5-2　乌蒙山区 A 级旅游景区分类型等级统计表　　　（单位：家）

| 景区类型 | 5A 级旅游景区 | 4A 级旅游景区 | 3A 级旅游景区 | 2A 级旅游景区 | 1A 级旅游景区 | 合计 |
|---|---|---|---|---|---|---|
| 自然景观 | 0 | 10 | 1 | 3 | 0 | 14 |
| 主题游乐 | 0 | 0 | 0 | 0 | 0 | 0 |
| 乡村旅游 | 0 | 1 | 2 | 0 | 0 | 3 |
| 历史文化 | 0 | 1 | 1 | 1 | 0 | 3 |
| 科技教育 | 0 | 0 | 1 | 0 | 0 | 1 |
| 红色旅游 | 0 | 1 | 0 | 0 | 0 | 1 |
| 工业旅游 | 0 | 0 | 0 | 0 | 0 | 0 |
| 度假休闲 | 0 | 1 | 2 | 0 | 0 | 3 |
| 博物馆 | 0 | 0 | 0 | 1 | 0 | 1 |
| 其他 | 0 | 0 | 0 | 0 | 0 | 0 |
| 合计 | 0 | 14 | 7 | 5 | 0 | 26 |

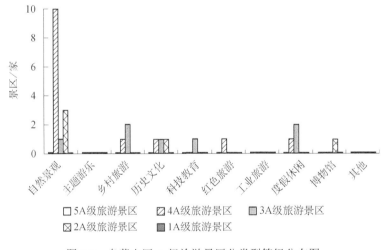

图 5-3　乌蒙山区 A 级旅游景区分类型等级分布图

# 三、门票价格

2015 年，乌蒙山区 26 家 A 级旅游景区的门票价格总计 1091 元，平均门票价格为 42.0 元，较全国平均水平高了 11.0 元。

从景区等级（表 5-3）来看，3A 级旅游景区平均门票价格最高，达到 50.6 元；其次是 4A 级景区，平均门票价格为 48.4 元；2A 级景区的平均门票价格最低，为 12.0 元。

表 5-3 2015 年乌蒙山区 A 级旅游景区门票价格分等级统计表

| 景区等级 | 门票价格总额/元 | 景区数量/家 | 平均门票价格/元 |
|---|---|---|---|
| 5A 级旅游景区 | 0 | 0 | 0.0 |
| 4A 级旅游景区 | 677 | 14 | 48.4 |
| 3A 级旅游景区 | 354 | 7 | 50.6 |
| 2A 级旅游景区 | 60 | 5 | 12.0 |
| 1A 级旅游景区 | 0 | 0 | 0.0 |
| 合计 | 1091 | 26 | 42.0 |

从类型（表 5-4）来看，2015 年乌蒙山区度假休闲类和自然景观类景区的平均门票价格相对较高，分别为 59.3 元和 54.4 元；其次是历史文化和乡村旅游两类景区，平均门票价格分别为 27.3 元和 23.3 元；科技教育类、红色旅游类和博物馆类景区平均门票价格最低，目前均为 0。

表 5-4 2015 年乌蒙山区 A 级旅游景区门票价格分类型统计表

| 景区类型 | 门票价格总额/元 | 景区数量/家 | 平均门票价格/元 |
|---|---|---|---|
| 自然景观 | 761 | 14 | 54.4 |
| 主题游乐 | 0 | 0 | 0.0 |
| 乡村旅游 | 70 | 3 | 23.3 |
| 历史文化 | 82 | 3 | 27.3 |
| 科技教育 | 0 | 1 | 0.0 |
| 红色旅游 | 0 | 1 | 0.0 |
| 工业旅游 | 0 | 0 | 0.0 |
| 度假休闲 | 178 | 3 | 59.3 |
| 博物馆 | 0 | 1 | 0.0 |
| 其他 | 0 | 0 | 0.0 |
| 合计 | 1091 | 26 | 42.0 |

# 第二节　游客接待量

2015 年，乌蒙山区 A 级旅游景区游客总接待量为 1029.9 万人次，占全国贫困地区 A 级旅游景区接待总量的 2.6%，其中政策性免票人数为 478.1 万人次，景区平均接待量为 39.6 万人次。

## 一、分等级接待量

2015 年，乌蒙山区 A 级旅游景区游客接待量以 4A 级旅游景区最多，共计 607.6 万人次，占乌蒙山区 A 级旅游景区游客接待总量的 59.0%；其次是 3A 级旅游景区，游客接待量为 285.0 万人次，占 27.7%；2A 级旅游景区游客接待量相对较少，接待人数为 137.3 万人次，占 13.3%（图 5-4）。

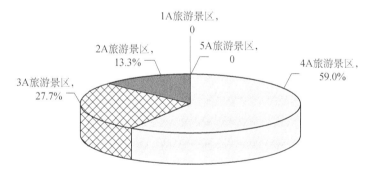

图 5-4　乌蒙山区 A 级旅游景区旅游接待量分等级分布图

## 二、分类型接待量

2015 年，乌蒙山区不同类型 A 级旅游景区游客接待量差异较大，其中自然景观类景区游客接待量最多，为 555.8 万人次，占乌蒙山区 A 级旅游景区接待总量的 54.0%；其次是历史文化类和度假休闲类景区，游客接待量分别为

175.2 万人次和 122.6 万人次，占比分别为 17.0%和 11.9%；博物馆类旅游景区
游客接待量最少，为 14.9 万人次，占比仅为 1.4%（图 5-5）。

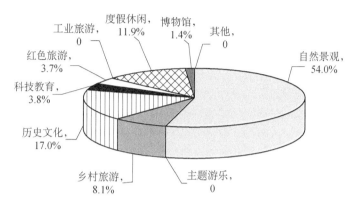

图 5-5 乌蒙山区 A 级旅游景区旅客接待量分类型分布图

从景区类型和等级（表 5-5、图 5-6）综合来看，自然景观类以 4A 级旅游
景区的游客接待量最多，共计 421.5 万人次，其次是 2A 级旅游景区，游客接
待量共计 96.3 万人次；历史文化类中 3A 级和 2A 级旅游景区游客接待量最多，
分别为 74.9 万人次和 74.2 万人次；度假休闲类景区中只有 3A 级和 4A 级两类
景区，游客接待量分别是 65.2 万人次和 57.4 万人次。

表 5-5 乌蒙山区 A 级旅游景区游客接待量分类型等级统计表（单位：万人次）

| 景区类型 | 5A 级旅游景区 | 4A 级旅游景区 | 3A 级旅游景区 | 2A 级旅游景区 | 1A 级旅游景区 | 合计 |
|---|---|---|---|---|---|---|
| 自然景观 | 0.0 | 421.5 | 38.0 | 96.3 | 0.0 | 555.8 |
| 主题游乐 | 0.0 | 0.0 | 0.0 | 0.0 | 0.0 | 0.0 |
| 乡村旅游 | 0.0 | 16.0 | 67.4 | 0.0 | 0.0 | 83.4 |
| 历史文化 | 0.0 | 74.2 | 74.9 | 26.1 | 0.0 | 175.2 |
| 科技教育 | 0.0 | 0.0 | 39.5 | 0.0 | 0.0 | 39.5 |
| 红色旅游 | 0.0 | 38.5 | 0.0 | 0.0 | 0.0 | 38.5 |
| 工业旅游 | 0.0 | 0.0 | 0.0 | 0.0 | 0.0 | 0.0 |
| 度假休闲 | 0.0 | 57.4 | 65.2 | 0.0 | 0.0 | 122.6 |
| 博物馆 | 0.0 | 0.0 | 0.0 | 14.9 | 0.0 | 14.9 |

续表

| 景区类型 | 5A 级旅游景区 | 4A 级旅游景区 | 3A 级旅游景区 | 2A 级旅游景区 | 1A 级旅游景区 | 合计 |
|---|---|---|---|---|---|---|
| 其他 | 0.0 | 0.0 | 0.0 | 0.0 | 0.0 | 0.0 |
| 合计 | 0.0 | 607.6 | 285.0 | 137.3 | 0.0 | 1029.9 |

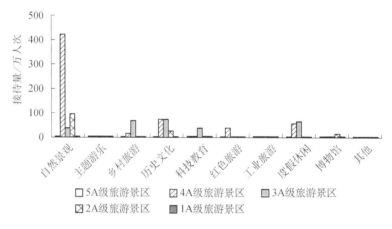

图 5-6　乌蒙山区 A 级旅游景区接待量分类型等级分布图

# 第三节　收入与投资

## 一、旅游景区总收入情况

2015 年，乌蒙山区 A 级旅游景区旅游总收入为 8.5 亿元，占全国贫困地区 A 级景区旅游总收入的 1.3%，景区平均收入为 3254.7 万元。

1. 分等级收入

2015 年，乌蒙山区 A 级旅游景区总收入以 4A 级旅游景区最高，共计 4.6 亿元，占该地区 A 级景区总收入的 54.3%；其次是 3A 级旅游景区，景区总收入共计 3.6 亿元，占为 42.2%；2A 级旅游景区收入相对较少，仅 0.3 亿元，占比仅为 3.5%（图 5-7）。

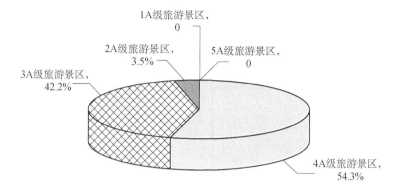

图 5-7 乌蒙山区 A 级旅游景区收入分等级分布图

**2. 分类型收入**

从景区类型（图 5-8）看，2015 年乌蒙山区 A 级旅游景区中度假休闲类和自然景观类的收入最高，均为 2.9 亿元，均占全区 A 级景区总收入的 34.1%；博物馆类景区暂无收入。

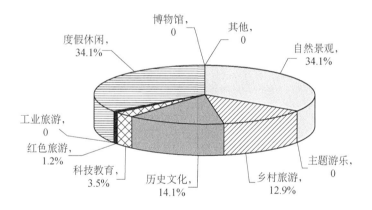

图 5-8 乌蒙山区 A 级旅游景区收入分类型分布图

从景区类型和等级（表 5-6、图 5-9）综合来看，度假休闲类景区中 4A 级旅游景区收入最多，景区收入为 2.3 亿元，3A 级旅游景区次之，为 0.6 亿元。自然景观类景区中也是 4A 级旅游景区收入最多，为 2.1 亿元，其次是 3A 级旅游景区，为 0.5 亿元。

**表 5-6　乌蒙山区 A 级旅游景区类型收入分等级统计表**　（单位：亿元）

| 景区类型 | 5A 级旅游景区 | 4A 级旅游景区 | 3A 级旅游景区 | 2A 级旅游景区 | 1A 级旅游景区 | 合计 |
|---|---|---|---|---|---|---|
| 自然景观 | 0.0 | 2.1 | 0.5 | 0.3 | 0.0 | 2.9 |
| 主题游乐 | 0.0 | 0.0 | 0.0 | 0.0 | 0.0 | 0.0 |
| 乡村旅游 | 0.0 | 0.1 | 1.0 | 0.0 | 0.0 | 1.1 |
| 历史文化 | 0.0 | 0.0 | 1.2 | 0.0 | 0.0 | 1.2 |
| 科技教育 | 0.0 | 0.0 | 0.3 | 0.0 | 0.0 | 0.3 |
| 红色旅游 | 0.0 | 0.1 | 0.0 | 0.0 | 0.0 | 0.1 |
| 工业旅游 | 0.0 | 0.0 | 0.0 | 0.0 | 0.0 | 0.0 |
| 度假休闲 | 0.0 | 2.3 | 0.6 | 0.0 | 0.0 | 2.9 |
| 博物馆 | 0.0 | 0.0 | 0.0 | 0.0 | 0.0 | 0.0 |
| 其他 | 0.0 | 0.0 | 0.0 | 0.0 | 0.0 | 0.0 |
| 合计 | 0.0 | 4.6 | 3.6 | 0.3 | 0.0 | 8.5 |

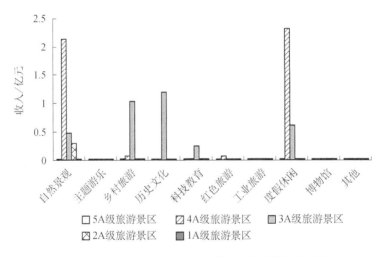

图 5-9　乌蒙山区 A 级旅游景区收入分类型等级分布图

## 二、旅游景区分项收入

2015 年，餐饮收入是乌蒙山区 A 级旅游景区的重要来源，总额为 3.0 亿元，占本地区 A 级景区总收入的 34.9%；其次是住宿、门票、商品和交通收入，总额分别为 1.7 亿元、1.7 亿元、1.2 亿元和　0.9 亿元，占比分别为

20.1%、19.6%、14.0%和10.5%；其他和演艺收入相对较少，分别为434.2万元和321.5万元，占比分别为0.5%和0.4%（图5-10）。

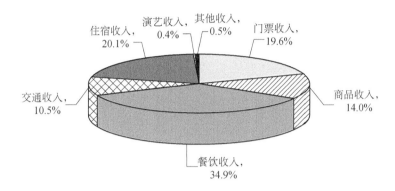

图 5-10　乌蒙山区 A 级旅游景区收入构成分布图

## （一）分等级收入

乌蒙山区不同等级 A 级旅游景区总收入（表 5-7、图 5-11）构成中，4A 和 3A 级旅游景区总收入所占比重较大，两者共占本地区 A 级景区总收入的 96.5%。其中，4A 级旅游景区收入构成中以餐饮、门票、住宿和交通收入为主，分别为 1.4 亿元、1.4 亿元、0.9 亿元和 0.7 亿元。3A 级旅游景区以餐饮、商品和住宿收入为主，分别是 1.5 亿元、0.9 亿元和 0.7 亿元。

表 5-7　乌蒙山区 A 级旅游景区收入构成分等级统计表　　（单位：亿元）

| 景区类型 | 门票收入 | 商品收入 | 餐饮收入 | 交通收入 | 住宿收入 | 演艺收入 | 其他收入 | 合计 |
|---|---|---|---|---|---|---|---|---|
| 5A 级旅游景区 | 0.0 | 0.0 | 0.0 | 0.0 | 0.0 | 0.0 | 0.0 | 0.0 |
| 4A 级旅游景区 | 1.4 | 0.2 | 1.4 | 0.7 | 0.9 | 0.0 | 0.0 | 4.6 |
| 3A 级旅游景区 | 0.3 | 0.9 | 1.5 | 0.2 | 0.7 | 0.0 | 0.0 | 3.6 |
| 2A 级旅游景区 | 0.0 | 0.1 | 0.1 | 0.0 | 0.1 | 0.0 | 0.0 | 0.3 |
| 1A 级旅游景区 | 0.0 | 0.0 | 0.0 | 0.0 | 0.0 | 0.0 | 0.0 | 0.0 |
| 合计 | 1.7 | 1.2 | 3.0 | 0.9 | 1.7 | 0.0 | 0.0 | 8.5 |

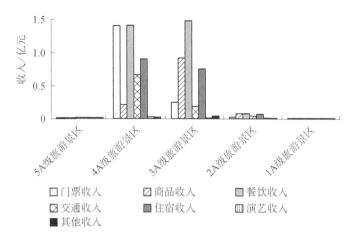

图 5-11　乌蒙山区 A 级旅游景区收入构成分等级分布图

## （二）分类型收入

度假休闲类和自然景观类景区收入较高，均为 2.9 亿元。其中，度假休闲类旅游景区以餐饮、住宿和商品收入为主，分别为 1.5 亿元、0.9 亿元和 0.3 亿元。自然景观类景区以门票、交通和餐饮收入为主，分别是 1.5 亿元、0.6 亿元和 0.6 亿元（表 5-8、图 5-12）。

表 5-8　乌蒙山区 A 级旅游景区收入构成分类型统计表　（单位：亿元）

| 景区类型 | 门票收入 | 商品收入 | 餐饮收入 | 交通收入 | 住宿收入 | 演艺收入 | 其他收入 | 合计 |
|---|---|---|---|---|---|---|---|---|
| 自然景观 | 1.5 | 0.1 | 0.6 | 0.6 | 0.1 | 0.0 | 0.0 | 2.9 |
| 主题游乐 | 0.0 | 0.0 | 0.0 | 0.0 | 0.0 | 0.0 | 0.0 | 0.0 |
| 乡村旅游 | 0.0 | 0.2 | 0.4 | 0.1 | 0.4 | 0.0 | 0.0 | 1.1 |
| 历史文化 | 0.1 | 0.6 | 0.3 | 0.1 | 0.1 | 0.0 | 0.0 | 1.2 |
| 科技教育 | 0.0 | 0.0 | 0.2 | 0.0 | 0.1 | 0.0 | 0.0 | 0.3 |
| 红色旅游 | 0.0 | 0.0 | 0.0 | 0.0 | 0.1 | 0.0 | 0.0 | 0.1 |
| 工业旅游 | 0.0 | 0.0 | 0.0 | 0.0 | 0.0 | 0.0 | 0.0 | 0.0 |
| 度假休闲 | 0.1 | 0.3 | 1.5 | 0.1 | 0.9 | 0.0 | 0.0 | 2.9 |
| 博物馆 | 0.0 | 0.0 | 0.0 | 0.0 | 0.0 | 0.0 | 0.0 | 0.0 |
| 其他 | 0.0 | 0.0 | 0.0 | 0.0 | 0.0 | 0.0 | 0.0 | 0.0 |
| 合计 | 1.7 | 1.2 | 3.0 | 0.9 | 1.7 | 0.0 | 0.0 | 8.5 |

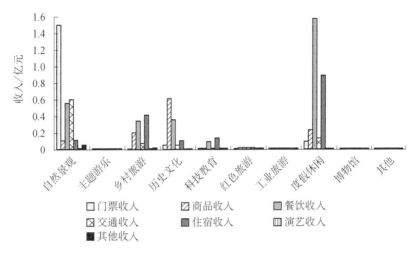

图 5-12　乌蒙山区 A 级旅游景区收入构成分类型分布图

## 三、旅游景区投资

2015 年，乌蒙山区 A 级旅游景区总投资为 18.9 亿元，占中国贫困地区 A级旅游景区总投资的 6.3%，景区平均投资为 7269.4 万元。其中景区内部建设投资为 12.7 亿元，外部建设投资为 6.2 亿元。

从景区等级来看，2015 年 4A 级旅游景区建设总投资最多，为 11.7 亿元，占乌蒙山区所有 A 级旅游景区当年建设总投资的 62.0%。从景区类型来看，自然景观类和度假休闲类景区的总投资较多，分别是 5.9 亿元和 5.1 亿元。

从景区等级和类型综合来看，自然景观类景区中 4A 级旅游景区的建设投资较多，为 5.6 亿元；度假休闲类景区中也是 4A 级旅游景区的建设投资最多，达 3.6 亿元（表 5-9、图 5-13）。

表 5-9　乌蒙山区 A 级旅游景区建设投资分类型等级统计表　（单位：亿元）

| 景区类型 | 5A 级旅游景区 | 4A 级旅游景区 | 3A 级旅游景区 | 2A 级旅游景区 | 1A 级旅游景区 | 合计 |
|---|---|---|---|---|---|---|
| 自然景观 | 0.0 | 5.6 | 0.0 | 0.3 | 0.0 | 5.9 |
| 主题游乐 | 0.0 | 0.0 | 0.0 | 0.0 | 0.0 | 0.0 |

续表

| 景区类型 | 5A级旅游景区 | 4A级旅游景区 | 3A级旅游景区 | 2A级旅游景区 | 1A级旅游景区 | 合计 |
|---|---|---|---|---|---|---|
| 乡村旅游 | 0.0 | 0.5 | 2.1 | 0.0 | 0.0 | 2.6 |
| 历史文化 | 0.0 | 0.0 | 2.8 | 0.0 | 0.0 | 2.8 |
| 科技教育 | 0.0 | 0.0 | 0.5 | 0.0 | 0.0 | 0.5 |
| 红色旅游 | 0.0 | 2.0 | 0.0 | 0.0 | 0.0 | 2.0 |
| 工业旅游 | 0.0 | 0.0 | 0.0 | 0.0 | 0.0 | 0.0 |
| 度假休闲 | 0.0 | 3.6 | 1.5 | 0.0 | 0.0 | 5.1 |
| 博物馆 | 0.0 | 0.0 | 0.0 | 0.0 | 0.0 | 0.0 |
| 其他 | 0.0 | 0.0 | 0.0 | 0.0 | 0.0 | 0.0 |
| 合计 | 0.0 | 11.7 | 6.9 | 0.3 | 0.0 | 18.9 |

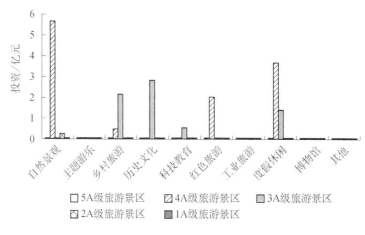

图 5-13　乌蒙山区 A 级旅游景区建设投资分类型等级分布图

# 第四节　管理与就业

## 一、经营机构

2015 年，乌蒙山区 A 级旅游景区经营机构共 26 家，共分三种类型。其中企业类经营机构最多，为 17 家；其次是事业单位类型经营机构 5 家；行政单位经营管理数量较少，为 4 家（图 5-14）。

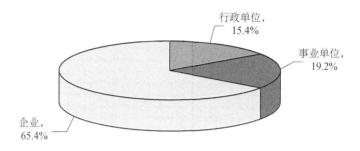

图 5-14  乌蒙山区 A 级旅游景区经营管理机构数量分布图

## 二、就业情况

2015 年，乌蒙山区 A 级旅游景区固定就业人数共计 2348 人，占全国贫困地区 A 级旅游景区固定就业总人数的 1.8%，景区平均就业 90.3 人；临时（季节性）就业为 20 402 人次。其中，4A 级旅游景区固定就业人数最多，为 1405 人，占乌蒙山区 A 级旅游景区固定就业总人数的 59.8%（表 5-10）。

表 5-10  乌蒙山区 A 级旅游景区固定用工分等级统计表

| 景区等级 | 5A 级旅游景区 | 4A 级旅游景区 | 3A 级旅游景区 | 2A 级旅游景区 | 1A 级旅游景区 | 合计 |
|---|---|---|---|---|---|---|
| 固定用工人数/人 | 0 | 1405 | 872 | 71 | 0 | 2348 |
| 比例/% | 0.0 | 59.8 | 37.1 | 3.0 | 0.0 | 100.0 |

从景区类型（表 5-11、图 5-15）来看，自然景观类景区的固定就业人数最多，为 819 人，占本地区 A 级旅游景区固定就业总人数的 34.9%；其次是度假休闲类和乡村旅游类景区，固定就业人数分别为 679 人和 515 人，分别占本地区 A 级旅游景区固定就业总人数的 28.9%和 21.9%。其中，自然景观类景区以 4A 和 2A 级固定就业人数较多，分别为 737 人和 56 人；度假休闲类景区以 4A 和 3A 级固定就业人数较多，分别为 500 人和 179 人；乡村旅游类景区以 3A 和 4A 级固定就业人数较多，分别为 478 人和 37 人。

表 5-11　乌蒙山区 A 级旅游景区固定用工分类型等级统计表　（单位：人）

| 景区类型 | 5A 级旅游景区 | 4A 级旅游景区 | 3A 级旅游景区 | 2A 级旅游景区 | 1A 级旅游景区 | 合计 |
|---|---|---|---|---|---|---|
| 自然景观 | 0 | 737 | 26 | 56 | 0 | 819 |
| 主题游乐 | 0 | 0 | 0 | 0 | 0 | 0 |
| 乡村旅游 | 0 | 37 | 478 | 0 | 0 | 515 |
| 历史文化 | 0 | 121 | 69 | 10 | 0 | 200 |
| 科技教育 | 0 | 0 | 120 | 0 | 0 | 120 |
| 红色旅游 | 0 | 10 | 0 | 0 | 0 | 10 |
| 工业旅游 | 0 | 0 | 0 | 0 | 0 | 0 |
| 度假休闲 | 0 | 500 | 179 | 0 | 0 | 679 |
| 博物馆 | 0 | 0 | 0 | 5 | 0 | 5 |
| 其他 | 0 | 0 | 0 | 0 | 0 | 0 |
| 合计 | 0 | 1405 | 872 | 71 | 0 | 2348 |

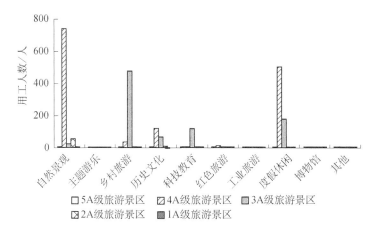

图 5-15　乌蒙山区 A 级旅游景区固定用工分类型等级分布图

## 三、导游情况

2015 年，乌蒙山区 A 级旅游景区导游总数为 184 人，占全国贫困地区 A 级旅游景区导游总数的 1.9%，景区平均导游数量为 7.1 人。其中 4A 级旅游景区导游人数最多，为 143 人，占乌蒙山区 A 级旅游景区导游总量的 77.7%；3A 级和 2A 级旅游景区导游人数较少，分别为 34 人和 7 人，占比分别为 18.5%

和 3.8%（表 5-12、图 5-16）。

**表 5-12　乌蒙山区 A 级旅游景区导游数量分等级统计表**

| 景区等级 | 5A 级旅游景区 | 4A 级旅游景区 | 3A 级旅游景区 | 2A 级旅游景区 | 1A 级旅游景区 | 合计 |
|---|---|---|---|---|---|---|
| 导游人数/人 | 0 | 143 | 34 | 7 | 0 | 184 |
| 比例/% | 0.0 | 77.7 | 18.5 | 3.8 | 0.0 | 100.0 |

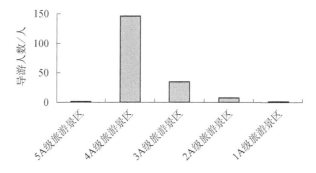

图 5-16　2015 年乌蒙山区 A 级旅游景区导游人员分等级分布图

# 第六章

# 滇桂黔石漠化区 A 级旅游景区发展情况

滇桂黔石漠化区（表 6-1）横跨云南、贵州、广西三省（自治区），涵盖三省（自治区）80 个县（自治县、特区），其中广西 29 个县（自治县）、贵州 40 个县（自治县、特区）和云南 11 个县（自治县）。该区是全国 14 个片区中扶贫对象最多、少数民族人口最多、所辖县数最多、民族自治县最多的片区。该区自然条件差、基础设施薄弱、社会事业发展程度低，自我发展能力弱，脱贫成本高、难度大。2011 年该片区农村贫困人口为 816 万人。截至 2013 年 1 月，国家林业局在该区共承担了 16 个、水利部共承担了 13 个全国重点县的帮扶任务，帮扶县数在参加定点扶贫的 310 个中央单位中位居前两位。

该区域旅游资源相对突出，境内拥有我国南方喀斯特（贵州荔波、贵州施秉、广西桂林、广西环江）为代表的世界自然、文化遗产，以世界"长寿之乡"、世界天坑博物馆为代表的世界级旅游资源，以及黔南布依族苗族自治州荔波樟江旅游景区和龙宫风景名胜区两个国家 5A 级旅游景区。

表 6-1　滇桂黔石漠化区行政区划

| 省（自治区） | 市（自治州） | 县（自治县、特区） |
|---|---|---|
| 广西（29） | 柳州市 | 融安县、融水苗族自治县、三江侗族自治县 |
| | 桂林市 | 龙胜各族自治县、资源县 |
| | 南宁市 | 隆安县、马山县、上林县 |
| | 百色市 | 田阳县、德保县、靖西县、那坡县、凌云县、乐业县、田林县、西林县、隆林各族自治县 |
| | 河池市 | 凤山县、东兰县、罗城仫佬族自治县、环江毛南族自治县、巴马瑶族自治县、都安瑶族自治县、大化瑶族自治县 |
| | 来宾市 | 忻城县 |
| | 崇左市 | 宁明县、龙州县、大新县、天等县 |
| 贵州（40） | 六盘水市 | 六枝特区、水城县 |
| | 安顺市 | 西秀区、平坝县、普定县、镇宁布依族苗族自治县、关岭布依族苗族自治县、紫云苗族布依族自治县 |
| | 黔西南布依族苗族自治州 | 兴仁县、普安县、晴隆县、贞丰县、望谟县、册亨县、安龙县 |
| | 黔东南苗族侗族自治州 | 黄平县、施秉县、三穗县、镇远县、岑巩县、天柱县、锦屏县、剑河县、台江县、黎平县、榕江县、从江县、雷山县、麻江县、丹寨县 |
| | 黔南布依族苗族自治州 | 荔波县、贵定县、独山县、平塘县、罗甸县、长顺县、龙里县、惠水县、三都水族自治县、瓮安县 |
| 云南（11） | 曲靖市 | 师宗县、罗平县 |
| | 红河哈尼族彝族自治州 | 屏边苗族自治县、泸西县 |
| | 文山壮族苗族自治州 | 砚山县、西畴县、麻栗坡县、马关县、丘北县、广南县、富宁县 |

# 第一节　数量与门票价格

2015 年，滇桂黔石漠化区 A 级旅游景区共计 85 家，占贫困区 A 级景区总量的 7.8%，占全国 A 级景区总量的 1.1%。

## 一、等级构成

滇桂黔石漠化区 5A 级旅游景区 2 家，占该区 A 级旅游景区总量的 2.4%；

4A 级旅游景区 42 家，占比 49.4%；3A 级旅游景区 30 家，占比 35.3%；2A 级旅游景区 11 家，占比 12.9%；无 1A 级旅游景区（图 6-1）。

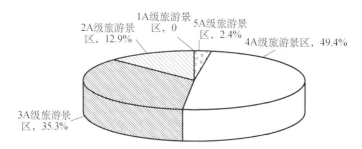

图 6-1　滇贵黔石漠化区 A 级旅游景区分等级分布图

## 二、类型构成

滇桂黔石漠化区 A 级旅游景区以自然景观类数量最多，共计 45 家，占该区 A 级景区总数的 52.9%；其次是历史文化类景区，共计 11 家，占比为 12.9%；紧随其后的是度假休闲类景区，为 10 家，占比为 11.8%；红色旅游类景区数量最少，仅为 3 家，占比仅为 3.5%。无主题游乐、科技教育、工业旅游和博物馆四类景区（图 6-2）。

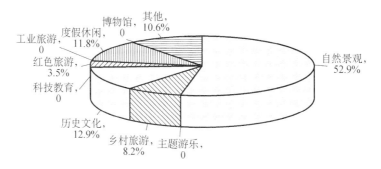

图 6-2　滇桂黔石漠化区 A 级旅游景区分类型分布图

从景区等级和类型（表 6-2、图 6-3）来看，自然景观类中 4A 级旅游景区数量最多，共计 24 家，其次是 3A 级旅游景区，共计 14 家；历史文化类中也是 4A 级旅游景区数量最多，共计 7 家，其次是 3A 级旅游景区，共计 4 家。

**表 6-2 滇桂黔石漠化区 A 级旅游景区分类型等级数量统计表** （单位：家）

| 景区类型 | 5A 级旅游景区 | 4A 级旅游景区 | 3A 级旅游景区 | 2A 级旅游景区 | 1A 级旅游景区 | 合计 |
|---|---|---|---|---|---|---|
| 自然景观 | 2 | 24 | 14 | 5 | 0 | 45 |
| 主题游乐 | 0 | 0 | 0 | 0 | 0 | 0 |
| 乡村旅游 | 0 | 2 | 5 | 0 | 0 | 7 |
| 历史文化 | 0 | 7 | 4 | 0 | 0 | 11 |
| 科技教育 | 0 | 0 | 0 | 0 | 0 | 0 |
| 红色旅游 | 0 | 2 | 0 | 1 | 0 | 3 |
| 工业旅游 | 0 | 0 | 0 | 0 | 0 | 0 |
| 度假休闲 | 0 | 3 | 4 | 3 | 0 | 10 |
| 博物馆 | 0 | 0 | 0 | 0 | 0 | 0 |
| 其他 | 0 | 4 | 3 | 2 | 0 | 9 |
| 合计 | 2 | 42 | 30 | 11 | 0 | 85 |

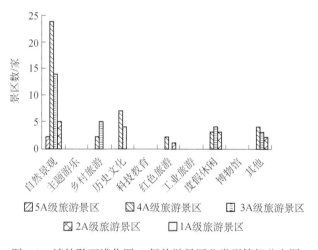

图 6-3 滇桂黔石漠化区 A 级旅游景区分类型等级分布图

# 三、门票价格

2015 年,滇桂黔石漠化区 85 家 A 级旅游景区的门票价格总计约 5342 元,平均门票价格为 62.8 元,较全国平均水平高了 31.8 元（表 6-3）。

从景区等级来看,5A 级旅游景区的平均门票价格最高,达到 165.0 元;

其次是 4A 和 3A 级景区，平均门票价格分别为 71.7 元和 63.6 元；2A 级景区的平均门票价格相对最低，为 8.5 元。

表 6-3　2015 年滇桂黔石漠化区 A 级旅游景区门票价格分等级统计表

| 景区等级 | 门票价格总额/元 | 景区数量/家 | 平均门票价格/元 |
|---|---|---|---|
| 5A 级旅游景区 | 330 | 2 | 165.0 |
| 4A 级旅游景区 | 3012 | 42 | 71.7 |
| 3A 级旅游景区 | 1907 | 30 | 63.6 |
| 2A 级旅游景区 | 93 | 11 | 8.5 |
| 1A 级旅游景区 | 0 | 0 | 0.0 |
| 合计 | 5342 | 85 | 62.8 |

从类型（表 6-4）来看，2015 年滇桂黔石漠化区乡村旅游类景区的平均门票价格最高，为 88.6 元；其次是度假休闲类、自然景观类和其他类景区，平均门票价格分别为 65.8 元、64.6 元和 63.3 元；历史文化类和红色旅游类景区的平均门票价格相对较低，分别为 48.9 元和 16.7 元；主题游乐、科技教育、工业旅游和博物馆类景区的平均门票价格最低，均为 0 元。

表 6-4　2015 年滇桂黔石漠化区 A 级旅游景区门票价格分类型统计表

| 景区类型 | 门票价格总额/元 | 景区数量/家 | 平均门票价格/元 |
|---|---|---|---|
| 自然景观 | 2906 | 45 | 64.6 |
| 主题游乐 | 0 | 0 | 0.0 |
| 乡村旅游 | 620 | 7 | 88.6 |
| 历史文化 | 538 | 11 | 48.9 |
| 科技教育 | 0 | 0 | 0.0 |
| 红色旅游 | 50 | 3 | 16.7 |
| 工业旅游 | 0 | 0 | 0.0 |
| 度假休闲 | 658 | 10 | 65.8 |
| 博物馆 | 0 | 0 | 0.0 |
| 其他 | 570 | 9 | 63.3 |
| 合计 | 5342 | 85 | 62.8 |

# 第二节　游客接待量

2015 年，滇桂黔石漠化区 A 级旅游景区游客总接待量为 3729.6 万人次，占全国贫困地区 A 级旅游景区接待总量的 9.3%，其中政策性免票人数为 1287.7 万人次，景区平均接待量为 43.9 万人次。

## 一、分等级接待量

2015 年，滇桂黔石漠化区 A 级旅游景区游客接待量以 4A 级旅游景区最多，共计 2259.4 万人次，占滇桂黔石漠化区 A 级旅游景区游客接待总量的 60.6%；其次是 3A 和 5A 级旅游景区，游客接待量分别为 880.8 万人次和 454.9 万人次，占比分别为 23.6%和 12.2%；2A 级旅游景区游客接待量相对较少，接待人数为 134.5 万人次，占比为 3.6%（图 6-4）。

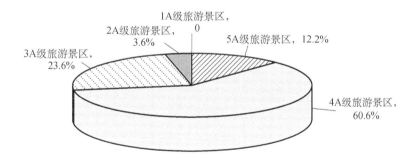

图 6-4　滇桂黔石漠化区 A 级旅游景区游客接待量分等级分布图

## 二、分类型接待量

2015 年，滇桂黔石漠化区不同类型（图 6-5）A 级旅游景区游客接待量差异较大，其中自然景观类景区游客接待量最多，为 1774.1 万人次，占滇桂黔石漠化区 A 级旅游景区接待总量的 47.6%；其次是历史文化类景区，游客接待量为 794.7 万人次，占比为 21.3%；其他类景区游客接待量最少，仅为 203.8 万人次，占比为 5.5%。

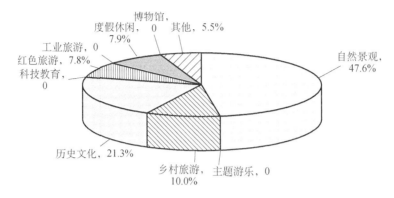

图 6-5　滇桂黔石漠化区 A 级旅游景区游客接待量分类型分布图

从景区类型和等级（表 6-5、图 6-6）综合来看，自然景观类以 4A 级旅游景区的游客接待量最多，共计 914.2 万人次，其次是 5A 级旅游景区，游客接待量共计 454.9 万人次；历史文化类中也是 4A 级旅游景区游客接待量最多，共计 631.5 万人次，其次是 3A 级旅游景区，游客接待量共计 163.2 万人次。

表 6-5　滇桂黔石漠化区 A 级旅游景区游客接待量分类型等级统计表

（单位：万人次）

| 景区类型 | 5A 级旅游景区 | 4A 级旅游景区 | 3A 级旅游景区 | 2A 级旅游景区 | 1A 级旅游景区 | 合计 |
|---|---|---|---|---|---|---|
| 自然景观 | 454.9 | 914.2 | 371.0 | 34.0 | 0.0 | 1774.1 |
| 主题游乐 | 0.0 | 0.0 | 0.0 | 0.0 | 0.0 | 0.0 |
| 乡村旅游 | 0.0 | 179.2 | 194.1 | 0.0 | 0.0 | 373.3 |
| 历史文化 | 0.0 | 631.5 | 163.2 | 0.0 | 0.0 | 794.7 |
| 科技教育 | 0.0 | 0.0 | 0.0 | 0.0 | 0.0 | 0.0 |
| 红色旅游 | 0.0 | 227.0 | 0.0 | 62.3 | 0.0 | 289.3 |
| 工业旅游 | 0.0 | 0.0 | 0.0 | 0.0 | 0.0 | 0.0 |
| 度假休闲 | 0.0 | 183.8 | 96.5 | 14.1 | 0.0 | 294.4 |
| 博物馆 | 0.0 | 0.0 | 0.0 | 0.0 | 0.0 | 0.0 |
| 其他 | 0.0 | 123.7 | 56.0 | 24.1 | 0.0 | 203.8 |
| 合计 | 454.9 | 2259.4 | 880.8 | 134.5 | 0.0 | 3729.6 |

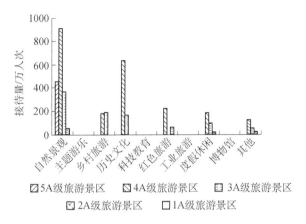

图 6-6　滇桂黔石漠化区 A 级旅游景区游客接待量分类型等级分布图

# 第三节　收入与投资

## 一、旅游景区总收入情况

2015 年，滇桂黔石漠化区 A 级旅游景区旅游总收入为 50.1 亿元，占全国贫困地区 A 级景区旅游总收入的 7.5%，景区平均收入为 5897.7 万元。

### （一）分等级收入

2015 年滇桂黔石漠化区 A 级旅游景区总收入以 4A 级旅游景区最高，共计 31.9 亿元，占该地区 A 级景区总收入的 63.7%；其次是 3A 级旅游景区，景区总收入共计 9.3 亿元，占比为 18.6%；5A 和 2A 级旅游景区收入相对较少，仅 8.7 亿元和 0.2 亿元，占比分别为 17.4% 和 0.4%（图 6-7）。

### （二）分类型收入

从景区类型（图 6-8）来看，2015 年滇桂黔石漠化区 A 级旅游景区中历史文化类和自然景观类的收入较高，分别达到 16.1 亿元和 15.2 亿元，分别占全区 A 级景区总收入的 32.1% 和 30.3%；其次是乡村旅游类景区，景区收入为

10.3 亿元，占比 20.6%。

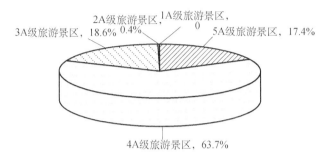

图 6-7　滇桂黔石漠化区 A 级旅游景区收入分等级分布图

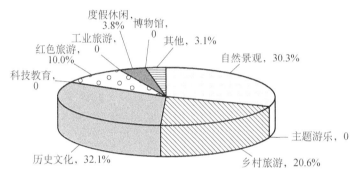

图 6-8　滇桂黔石漠化区 A 级旅游景区收入分类型分布图

从景区类型和等级（表 6-6、图 6-9）综合来看，历史文化类景区中 4A 级旅游景区收入最多，景区收入为 15.7 亿元，3A 级旅游景区次之，为 0.4 亿元。自然景观类景区中 5A 级旅游景区收入最多，为 8.7 亿元，其次是 4A 级旅游景区，为 5.2 亿元。

表 6-6　滇桂黔石漠化区 A 级旅游景区收入分类型等级统计表　（单位：亿元）

| 景区类型 | 5A 级旅游景区 | 4A 级旅游景区 | 3A 级旅游景区 | 2A 级旅游景区 | 1A 级旅游景区 | 合计 |
|---|---|---|---|---|---|---|
| 自然景观 | 8.7 | 5.2 | 1.1 | 0.2 | 0.0 | 15.2 |
| 主题游乐 | 0.0 | 0.0 | 0.0 | 0.0 | 0.0 | 0.0 |
| 乡村旅游 | 0.0 | 3.4 | 6.9 | 0.0 | 0.0 | 10.3 |
| 历史文化 | 0.0 | 15.7 | 0.4 | 0.0 | 0.0 | 16.1 |
| 科技教育 | 0.0 | 0.0 | 0.0 | 0.0 | 0.0 | 0.0 |
| 红色旅游 | 0.0 | 5.0 | 0.0 | 0.0 | 0.0 | 5.0 |

| 景区类型 | 5A 级旅游景区 | 4A 级旅游景区 | 3A 级旅游景区 | 2A 级旅游景区 | 1A 级旅游景区 | 合计 |
|---|---|---|---|---|---|---|
| 工业旅游 | 0.0 | 0.0 | 0.0 | 0.0 | 0.0 | 0.0 |
| 度假休闲 | 0.0 | 1.5 | 0.4 | 0.0 | 0.0 | 1.9 |
| 物馆 | 0.0 | 0.0 | 0.0 | 0.0 | 0.0 | 0.0 |
| 其他 | 0.0 | 1.1 | 0.5 | 0.0 | 0.0 | 1.6 |
| 合计 | 8.7 | 31.9 | 9.3 | 0.2 | 0.0 | 50.1 |

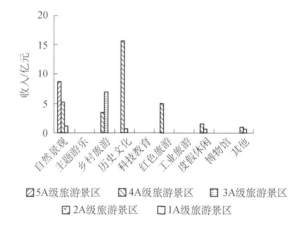

☑5A级旅游景区　　☑4A级旅游景区　　☑3A级旅游景区
☑2A级旅游景区　　□1A级旅游景区

图 6-9　滇桂黔石漠化区 A 级旅游景区收入分类型等级分布图

## 二、旅游景区分项收入

2015 年，餐饮、门票和住宿收入是滇桂黔石漠化区 A 级旅游景区的重要来源，总额分别为 13.7 亿元、11.9 亿元和 10.9 亿元，分别占本地区 A 级景区总收入的 27.3%、23.8%和 21.8%；其次是商品和交通收入，总额分别为 6.2 亿元和 5.7 亿元，占比分别为 12.4%和 11.4%；演艺和其他收入相对较少，分别为 1.5 亿元和 0.2 亿元，占比分别为 3.0%和 0.4%（图 6-10）。

### （一）分等级收入

滇桂黔石漠化区不同等级 A 级旅游景区总收入构成中，4A 级旅游景区总收入所占比重最大，占本地区 A 级景区总收入的 63.6%。其次是 5A 级和 3A

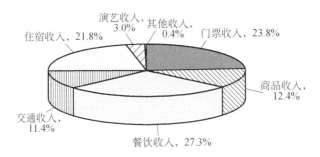

图 6-10　滇桂黔石漠化区 A 级旅游景区收入构成分布图

级旅游景区，分别占本地区 A 级景区总收入的 17.4% 和 18.6%。其中，4A 级旅游景区收入构成中以住宿、餐饮和门票收入为主，分别为 7.8 亿元、7.4 亿元和 7.4 亿元；5A 级旅游景区以门票、交通和住宿收入为主，分别是 3.0 亿元、2.0 亿元和 1.2 亿元；3A 级旅游景区以餐饮、住宿和门票收入为主，分别是 4.9 亿元、1.9 亿元和 1.5 亿元（表 6-7、图 6-11）。

表 6-7　滇桂黔石漠化区 A 级旅游景区收入构成分等级统计表　（单位：亿元）

| 景区类型 | 门票收入 | 商品收入 | 餐饮收入 | 交通收入 | 住宿收入 | 演艺收入 | 其他收入 | 合计 |
|---|---|---|---|---|---|---|---|---|
| 5A 级旅游景区 | 3.0 | 1.0 | 1.2 | 2.0 | 1.2 | 0.3 | 0.0 | 8.7 |
| 4A 级旅游景区 | 7.4 | 4.3 | 7.4 | 3.7 | 7.8 | 1.2 | 0.1 | 31.9 |
| 3A 级旅游景区 | 1.5 | 0.9 | 4.9 | 0.0 | 1.9 | 0.0 | 0.1 | 9.3 |
| 2A 级旅游景区 | 0.0 | 0.0 | 0.2 | 0.0 | 0.0 | 0.0 | 0.0 | 0.2 |
| 1A 级旅游景区 | 0.0 | 0.0 | 0.0 | 0.0 | 0.0 | 0.0 | 0.0 | 0.0 |
| 合计 | 11.9 | 6.2 | 13.7 | 5.7 | 10.9 | 1.5 | 0.2 | 50.1 |

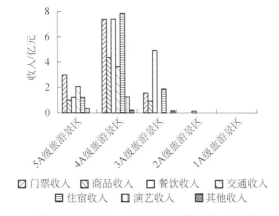

图 6-11　滇桂黔石漠化区 A 级旅游景区收入构成分等级分布图

## （二）分类型收入

历史文化类和自然景观类景区收入比重较大，分别为 16.1 亿元和 15.2 亿元。其中，历史文化类旅游景区以住宿、餐饮、商品和交通收入为主，分别为 4.9 亿元、4.4 亿元、2.6 亿元和 2.1 亿元。自然景观类景区以门票、交通、餐饮和住宿收入为主，分别是 7.6 亿元、2.3 亿元、2.0 亿元和 1.6 亿元（表6-8、图 6-12）。

**表 6-8　滇桂黔石漠化区 A 级旅游景区收入构成分类型统计表**（单位：亿元）

| 景区类型 | 门票收入 | 商品收入 | 餐饮收入 | 交通收入 | 住宿收入 | 演艺收入 | 其他收入 | 合计 |
|---|---|---|---|---|---|---|---|---|
| 自然景观 | 7.6 | 1.3 | 2.0 | 2.3 | 1.6 | 0.3 | 0.1 | 15.2 |
| 主题游乐 | 0.0 | 0.0 | 0.0 | 0.0 | 0.0 | 0.0 | 0.0 | 0.0 |
| 乡村旅游 | 0.7 | 1.5 | 5.3 | 0.2 | 2.3 | 0.3 | 0.0 | 10.3 |
| 历史文化 | 1.9 | 2.6 | 4.4 | 2.1 | 4.9 | 0.1 | 0.1 | 16.1 |
| 科技教育 | 0.0 | 0.0 | 0.0 | 0.0 | 0.0 | 0.0 | 0.0 | 0.0 |
| 红色旅游 | 0.0 | 0.5 | 1.3 | 1.1 | 1.4 | 0.7 | 0.0 | 5.0 |
| 工业旅游 | 0.0 | 0.0 | 0.0 | 0.0 | 0.0 | 0.0 | 0.0 | 0.0 |
| 度假休闲 | 1.1 | 0.0 | 0.3 | 0.0 | 0.6 | 0.0 | 0.0 | 1.9 |
| 博物馆 | 0.0 | 0.0 | 0.0 | 0.0 | 0.0 | 0.0 | 0.0 | 0.0 |
| 其他 | 0.7 | 0.3 | 0.4 | 0.0 | 0.1 | 0.1 | 0.0 | 1.6 |
| 合计 | 11.9 | 6.2 | 13.7 | 5.7 | 10.9 | 1.5 | 0.2 | 50.1 |

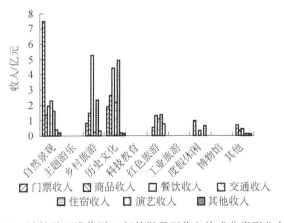

图 6-12　滇桂黔石漠化区 A 级旅游景区收入构成分类型分布图

## 三、旅游景区投资

2015 年，滇桂黔石漠化区 A 级旅游景区总投资为 47.0 亿元，占中国贫困地区 A 级旅游景区总投资的 15.6%，景区平均投资为 5529.9 万元。其中景区内部建设投资为 31.4 亿元，外部建设投资为 15.6 亿元。

从景区等级（表 6-9）来看，2015 年 4A 级旅游景区建设总投资最多，为 34.6 亿元，占滇桂黔石漠化区所有 A 级旅游景区当年建设总投资的 73.6%。从景区类型来看，历史文化类和自然景观类景区的总投资较多，分别是 25.6 亿元和 14.6 亿元。

从景区等级和类型（图 6-13）综合来看，历史文化类景区中 4A 级旅游景区的建设投资最多，达 24.9 亿元；自然景观类景区中 5A 级旅游景区的建设投资较多，为 7.9 亿元。

表 6-9　滇桂黔石漠化区 A 级旅游景区建设投资分类型等级统计表（单位：亿元）

| 景区类型 | 5A 级旅游景区 | 4A 级旅游景区 | 3A 级旅游景区 | 2A 级旅游景区 | 1A 级旅游景区 | 合计 |
|---|---|---|---|---|---|---|
| 自然景观 | 7.9 | 4.7 | 1.9 | 0.1 | 0.0 | 14.6 |
| 主题游乐 | 0.0 | 0.0 | 0.0 | 0.0 | 0.0 | 0.0 |
| 乡村旅游 | 0.0 | 0.9 | 0.1 | 0.0 | 0.0 | 1.0 |
| 历史文化 | 0.0 | 24.9 | 0.7 | 0.0 | 0.0 | 25.6 |
| 科技教育 | 0.0 | 0.0 | 0.0 | 0.0 | 0.0 | 0.0 |
| 红色旅游 | 0.0 | 2.3 | 0.0 | 0.1 | 0.0 | 2.4 |
| 工业旅游 | 0.0 | 0.0 | 0.0 | 0.0 | 0.0 | 0.0 |
| 度假休闲 | 0.0 | 1.4 | 1.3 | 0.0 | 0.0 | 2.7 |
| 博物馆 | 0.0 | 0.0 | 0.0 | 0.0 | 0.0 | 0.0 |
| 其他 | 0.0 | 0.4 | 0.2 | 0.1 | 0.0 | 0.7 |
| 合计 | 7.9 | 34.6 | 4.2 | 0.3 | 0.0 | 47.0 |

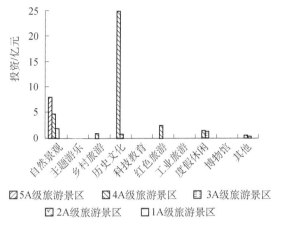

图 6-13　滇桂黔石漠化区 A 级旅游景区建设投资分类型等级分布图

# 第四节　管理与就业

## 一、经营机构

2015 年,滇桂黔石漠化区 A 级旅游景区经营机构共 85 家,共分两种类型。其中,企业类经营机构最多,为 62 家;其次是事业单位类型经营机构,为 23 家(图 6-14)。

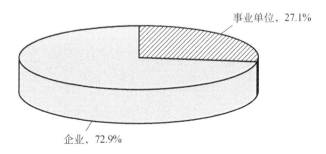

图 6-14　滇桂黔石漠化区 A 级旅游景区经营管理机构数量分布图

## 二、就业情况

2015 年，滇桂黔石漠化区 A 级旅游景区固定就业人数共计 8506 人，占全国贫困地区 A 级旅游景区固定就业总人数的 6.5%，景区平均就业 100.1 人；临时（季节性）就业为 6824 人次。其中，4A 级旅游景区固定就业人数最多，为 5827 人，占滇桂黔石漠化区 A 级旅游景区固定就业总人数的 68.5%（表6-10）。

表 6-10  滇桂黔石漠化区 A 级旅游景区固定用工分等级统计表

| 景区等级 | 5A 级旅游景区 | 4A 级旅游景区 | 3A 级旅游景区 | 2A 级旅游景区 | 1A 级旅游景区 | 合计 |
|---|---|---|---|---|---|---|
| 固定用工人数/人 | 1428 | 5827 | 1054 | 197 | 0 | 8506 |
| 比例/% | 16.8 | 68.5 | 12.4 | 2.3 | 0.0 | 100.0 |

从景区类型（表 6-11、图 6-15）来看，自然景观类景区的固定就业人数最多，为 4005 人，占本地区 A 级旅游景区固定就业总人数的 47.1%；其次是历史文化类和乡村旅游类景区，固定就业人数分别为 1894 人和 1420 人，分别占本地区 A 级旅游景区固定就业总人数的 22.3% 和 16.7%。其中，自然景观类景区以 4A 和 5A 级固定就业人数较多，分别为 1953 人和 1428 人；历史文化类景区以 4A 和 3A 级固定就业人数较多，分别为 1754 人和 140 人；乡村旅游类景区也是以 4A 和 5A 级固定就业人数较多，分别为 1257 人和 163 人。

表 6-11  滇桂黔石漠化区 A 级旅游景区固定用工分类型等级统计表（单位：人）

| 景区类型 | 5A 级旅游景区 | 4A 级旅游景区 | 3A 级旅游景区 | 2A 级旅游景区 | 1A 级旅游景区 | 合计 |
|---|---|---|---|---|---|---|
| 自然景观 | 1428 | 1953 | 460 | 164 | 0 | 4005 |
| 主题游乐 | 0 | 0 | 0 | 0 | 0 | 0 |
| 乡村旅游 | 0 | 1257 | 163 | 0 | 0 | 1420 |
| 历史文化 | 0 | 1754 | 140 | 0 | 0 | 1894 |
| 科技教育 | 0 | 0 | 0 | 0 | 0 | 0 |
| 红色旅游 | 0 | 142 | 0 | 10 | 0 | 152 |
| 工业旅游 | 0 | 0 | 0 | 0 | 0 | 0 |

续表

| 景区类型 | 5A 级旅游景区 | 4A 级旅游景区 | 3A 级旅游景区 | 2A 级旅游景区 | 1A 级旅游景区 | 合计 |
|---|---|---|---|---|---|---|
| 度假休闲 | 0 | 456 | 128 | 10 | 0 | 594 |
| 博物馆 | 0 | 0 | 0 | 0 | 0 | 0 |
| 其他 | 0 | 265 | 163 | 13 | 0 | 441 |
| 合计 | 1428 | 5827 | 1054 | 197 | 0 | 8506 |

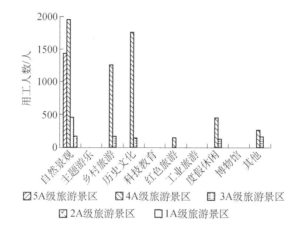

图 6-15　滇桂黔石漠化区 A 级旅游景区固定用工分类型等级分布图

## 三、导游情况

2015 年，滇桂黔石漠化区 A 级旅游景区导游总数为 955 人，占全国贫困地区 A 级旅游景区导游总数的 9.9%，景区平均导游数量为 11.2 人。其中 4A 和 5A 级旅游景区导游人数较多，分别为 651 人和 166 人，分别占滇桂黔石漠化区 A 级旅游景区导游总量的 68.2%和 17.4%（表 6-12、图 6-16）。

表 6-12　滇桂黔石漠化区 A 级旅游景区导游数量分等级统计表

| 景区等级 | 5A 级旅游景区 | 4A 级旅游景区 | 3A 级旅游景区 | 2A 级旅游景区 | 1A 级旅游景区 | 合计 |
|---|---|---|---|---|---|---|
| 导游人数/人 | 166 | 651 | 136 | 2 | 0 | 955 |
| 比例/% | 17.4 | 68.2 | 14.2 | 0.2 | 0.0 | 100.0 |

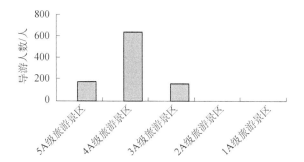

图 6-16　2015 年滇桂黔石漠化区 A 级旅游景区导游人员分等级分布图

# 第七章

# 滇西边境山区 A 级旅游景区发展情况

 

滇西边境山区（表 7-1）是我国目前最贫困的地区之一，也是我国重要的生态功能区、人口较少民族的主要聚集区和边境地区。该区主要集中在云南境内，包括保山、丽江、普洱、临沧、楚雄、红河、西双版纳、大理、德宏、怒江 10 市（自治州），共 56 个县（区、自治县）。全区 4/5 的县（区、自治县）是国家扶贫开发重点县（区、自治县）。2010 年，扶贫标准（1274 元）以下贫困人口为 157 万人，贫困发生率为 10.5%，比全国平均水平高 7.7 个百分点，比西部地区平均水平高 4.4 个百分点。区域少数民族众多，56 个民族中有 26 个生活于此，民族文化异彩纷呈，历史悠久，但由于经济发展落后，很多特有文化面临失传。该区与缅甸、老挝、越南三国接壤，国际区位优势明显，边境旅游开发潜力较大。

区域自然人文旅游资源极其丰富，拥有"三江并流"自然景观和红河哈尼梯田文化景观为代表的世界自然、文化遗产，以及中国科学院西双版纳热带植物园、玉龙雪山景区两个国家 5A 级旅游景区。

**表 7-1　滇西边境山区行政区划**

| 省 | 市（自治州） | 县（区、自治县） |
|---|---|---|
| 云南（56） | 保山市 | 隆阳区、施甸县、龙陵县、昌宁县 |
| | 丽江市 | 玉龙纳西族自治县、永胜县、宁蒗彝族自治县 |
| | 普洱市 | 宁洱哈尼族彝族自治县、墨江哈尼族自治县、景东彝族自治县、景谷傣族彝族自治县、镇沅彝族哈尼族拉祜族自治县、江城哈尼族彝族自治县、孟连傣族拉祜族佤族自治县、澜沧拉祜族自治县、西盟佤族自治县 |
| | 临沧市 | 临翔区、凤庆县、云县、永德县、镇康县、双江拉祜族佤族布朗族傣族自治县、耿马傣族佤族自治县、沧源佤族自治县 |
| | 楚雄彝族自治州 | 双柏县、牟定县、南华县、姚安县、大姚县、永仁县 |
| | 红河哈尼族彝族自治州 | 石屏县、元阳县、红河县、金平苗族瑶族傣族自治县、绿春县 |
| | 西双版纳傣族自治州 | 勐海县、勐腊县 |
| | 大理白族自治州 | 漾濞彝族自治县、祥云县、宾川县、弥渡县、南涧彝族自治县、巍山彝族回族自治县、永平县、云龙县、洱源县、剑川县、鹤庆县 |
| | 德宏傣族景颇族自治州 | 潞西市、梁河县、盈江县、陇川县 |
| | 怒江傈僳族自治州 | 泸水县、福贡县、贡山独龙族怒族自治县、兰坪白族普米族自治县 |

# 第一节　数量与门票价格

2015 年，滇西边境山区 A 级旅游景区共计 73 家，占贫困区 A 级景区总量的 6.7%，占全国 A 级景区总量的 0.9%。

## 一、等级构成

滇西边境山区 5A 级旅游景区 2 家，占该区 A 级旅游景区总量的 2.7%；

4A 级旅游景区 13 家，占比 17.8%；3A 级旅游景区 17 家，占比 23.3%；2A 级旅游景区 36 家，占比 49.3%；1A 级旅游景区 5 家，占比为 6.8%（图 7-1）。

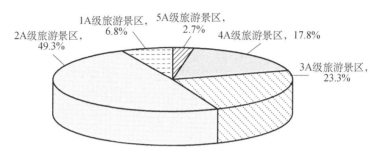

图 7-1 滇西边境山区 A 级旅游景区分等级分布图

## 二、类型构成

滇西边境山区 A 级旅游景区以自然景观类数量最多，共计 26 家，占该区 A 级景区总数的 35.6%；其次是历史文化类景区，共计 17 家，占比 23.3%；紧随其后的是其他类景区，为 10 家，占比 13.7%；红色旅游类景区数量最少，仅为 1 家，占比仅为 1.4%。无科技教育类和工业旅游类景区（图 7-2）。

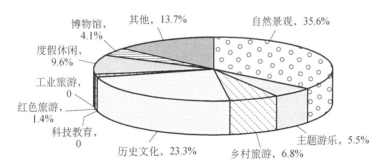

图 7-2 滇西边境山区 A 级旅游景区分类型分布图

从景区等级和类型（表 7-2、图 7-3）来看，自然景观类中 2A 级旅游景区数量最多，共计 13 家，其次是 3A 级旅游景区，共计 6 家；历史文化类中也是 2A 级旅游景区数量最多，共计 9 家，其次是 3A 级旅游景区，共计 4 家。

表 7-2　滇西边境山区 A 级旅游景区分类型等级统计表　　（单位：家）

| 景区类型 | 5A 级旅游景区 | 4A 级旅游景区 | 3A 级旅游景区 | 2A 级旅游景区 | 1A 级旅游景区 | 合计 |
|---|---|---|---|---|---|---|
| 自然景观 | 1 | 4 | 6 | 13 | 2 | 26 |
| 主题游乐 | 0 | 1 | 1 | 1 | 1 | 4 |
| 乡村旅游 | 0 | 0 | 3 | 2 | 0 | 5 |
| 历史文化 | 0 | 3 | 4 | 9 | 1 | 17 |
| 科技教育 | 0 | 0 | 0 | 0 | 0 | 0 |
| 红色旅游 | 0 | 0 | 1 | 0 | 0 | 1 |
| 工业旅游 | 0 | 0 | 0 | 0 | 0 | 0 |
| 度假休闲 | 0 | 2 | 1 | 4 | 0 | 7 |
| 博物馆 | 0 | 1 | 0 | 2 | 0 | 3 |
| 其他 | 1 | 2 | 1 | 5 | 1 | 10 |
| 合计 | 2 | 13 | 17 | 36 | 5 | 73 |

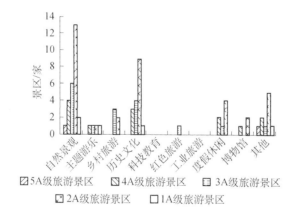

图 7-3　滇西边境山区 A 级旅游景区分类型等级分布图

## 三、门票价格

2015 年，滇西边境山区 73 家 A 级旅游景区的门票价格总计 2186 元，平均门票价格为 29.9 元，较全国平均水平低了 1.1 元。

从景区等级来看，5A 级旅游景区的平均门票价格最高，达到 104.5 元；其次是 4A 和 3A 级景区，平均门票价格分别为 77.5 元和 30.8 元；2A 和 1A 级景区平均门票价格趋于相同且最低，分别为 10.9 元和 11.0 元（表 7-3）。

表 7-3 2015 年滇西边境山区 A 级旅游景区门票价格分等级统计表

| 景区等级 | 门票价格总额/元 | 景区数量/家 | 平均门票价格/元 |
|---|---|---|---|
| 5A 级旅游景区 | 209 | 2 | 104.5 |
| 4A 级旅游景区 | 1008 | 13 | 77.5 |
| 3A 级旅游景区 | 523 | 17 | 30.8 |
| 2A 级旅游景区 | 391 | 36 | 10.9 |
| 1A 级旅游景区 | 55 | 5 | 11.0 |
| 合计 | 2186 | 73 | 29.9 |

从类型（表 7-4）来看，2015 年滇西边境山区度假休闲类景区平均门票价格最高，为 55.1 元；其次是历史文化类、乡村旅游类、自然景观类和其他类四类景区，平均门票价格分别为 30.9 元、30.0 元、29.5 元和 27.4 元；主题游乐类和博物馆类两种类型景区的平均门票价格相对较低，分别为 12.5 元和 11.0 元；红色旅游类景区的平均门票价格最低，目前为 0。

表 7-4 2015 年滇西边境山区 A 级旅游景区门票价格分类型统计表

| 景区类型 | 门票价格总额/元 | 景区数量/家 | 平均门票价格/元 |
|---|---|---|---|
| 自然景观 | 768 | 26 | 29.5 |
| 主题游乐 | 50 | 4 | 12.5 |
| 乡村旅游 | 150 | 5 | 30.0 |
| 历史文化 | 525 | 17 | 30.9 |
| 科技教育 | 0 | 0 | 0.0 |
| 红色旅游 | 0 | 1 | 0.0 |
| 工业旅游 | 0 | 0 | 0.0 |
| 度假休闲 | 386 | 7 | 55.1 |
| 博物馆 | 33 | 3 | 11.0 |
| 其他 | 274 | 10 | 27.4 |
| 合计 | 2186 | 73 | 29.9 |

# 第二节　游客接待量

2015 年，滇西边境山区 A 级旅游景区游客总接待量为 2347.6 万人次，占全国贫困地区 A 级旅游景区接待总量的 5.9%，其中政策性免票人数为 730.4 万人次，景区平均接待量为 32.2 万人次。

## 一、分等级接待量

2015 年，滇西边境山区 A 级旅游景区游客接待量以 2A 级旅游景区最多，共计 720.1 万人次，占滇西边境山区 A 级旅游景区游客接待总量的 30.7%；其次是 4A 级旅游景区，游客接待量为 677.3 万人次，占比为 28.9%；3A 和 5A 级旅游景区游客接待量相对较少，接待人数分别为 464.5 万人次和 438.0 万人次，占比分别为 19.8% 和 18.7%；1A 级旅游景区游客接待量最少，接待人数仅为 47.7 万人次，占比仅为 2.0%（图 7-4）。

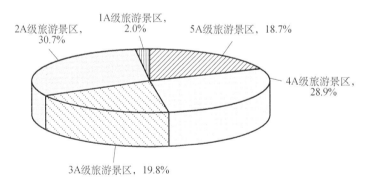

图 7-4　滇西边境山区 A 级旅游景区游客接待量分等级分布图

## 二、分类型接待量

2015 年，滇西边境山区不同类型 A 级旅游景区游客接待量差异较大，其中自然景观类景区游客接待量最多，为957.3万人次，占滇西边境山区 A 级旅游景区接待总量的 40.8%；其次是历史文化类、其他类和主题游乐类三类景区，游客接待量分别为 413.5 万人次、347.6 万人次和 307.4 万人次，占比分别为 17.6%、14.8%和 13.1%；红色旅游类与博物馆类旅游景区游客接待量最少，分别为 35.4 万人次和 2.6 万人次，占比仅分别为 1.5%和 0.1%（图 7-5）。

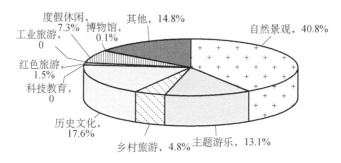

图 7-5　滇西边境山区 A 级旅游景区游客接待量分类型分布图

　　从景区类型和等级（表 7-5、图 7-6）综合来看，自然景观类以 5A 级旅游景区的游客接待量最多，共计 365.4 万人次，其次是 2A 级旅游景区，游客接待量共计 236.5 万人次；历史文化类中 2A 级旅游景区游客接待量最多，共计 256.1 万人次，其次是 4A 级旅游景区，游客接待量共计 101.1 万人次。

**表 7-5　滇西边境山区 A 级旅游景区游客接待量分类型等级统计表** （单位：万人次）

| 景区类型 | 5A 级旅游景区 | 4A 级旅游景区 | 3A 级旅游景区 | 2A 级旅游景区 | 1A 级旅游景区 | 合计 |
|---|---|---|---|---|---|---|
| 自然景观 | 365.4 | 141.0 | 193.4 | 236.5 | 21.0 | 957.3 |
| 主题游乐 | 0.0 | 274.9 | 7.2 | 1.3 | 24.0 | 307.4 |
| 乡村旅游 | 0.0 | 0.0 | 108.9 | 4.0 | 0.0 | 112.9 |
| 历史文化 | 0.0 | 101.1 | 54.5 | 256.1 | 1.8 | 413.5 |
| 科技教育 | 0.0 | 0.0 | 0.0 | 0.0 | 0.0 | 0.0 |
| 红色旅游 | 0.0 | 0.0 | 35.4 | 0.0 | 0.0 | 35.4 |
| 工业旅游 | 0.0 | 0.0 | 0.0 | 0.0 | 0.0 | 0.0 |
| 度假休闲 | 0.0 | 59.3 | 35.0 | 76.6 | 0.0 | 170.9 |
| 博物馆 | 0.0 | 1.5 | 0.0 | 1.1 | 0.0 | 2.6 |

续表

| 景区类型 | 5A 级旅游景区 | 4A 级旅游景区 | 3A 级旅游景区 | 2A 级旅游景区 | 1A 级旅游景区 | 合计 |
|---|---|---|---|---|---|---|
| 其他 | 72.6 | 99.5 | 30.1 | 144.5 | 0.9 | 347.6 |
| 合计 | 438.0 | 677.3 | 464.5 | 720.1 | 47.7 | 2347.6 |

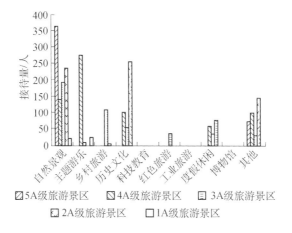

图 7-6　滇西边境山区 A 级旅游景区游客接待量分类型等级分布图

# 第三节　收入与投资

## 一、旅游景区总收入情况

2015 年，滇西边境山区 A 级旅游景区旅游总收入为 17.5 亿元，占全国贫困地区 A 级景区旅游总收入的 2.6%，景区平均收入为 2395.6 万元。

### （一）分等级收入

2015 年滇西边境山区 A 级旅游景区总收入以 5A 级旅游景区最高，共计 8.3 亿元，占该地区 A 级景区总收入的 47.4%；其次是 4A 级旅游景区，景区总收入共计 4.5 亿元，占比 25.7%；2A 和 3A 级旅游景区收入相对较少，仅

2.4 亿元和 2.0 亿元，占比分别为 13.7% 和 11.4%；1A 级景区总收入最少，仅为 0.3 亿元，占比仅为 1.7%（图 7-7）。

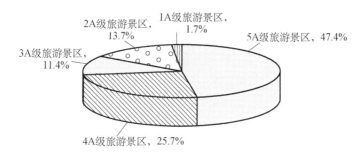

图 7-7　滇西边境山区 A 级旅游景区收入分等级分布图

## （二）分类型收入

从景区类型（图 7-8）看，2015 年滇西边境山区 A 级旅游景区中自然景观类的收入位居榜首，达到 10.3 亿元，占全区 A 级景区总收入的 58.9%；其次是历史文化类景区，景区收入为 2.7 亿元，占比为 15.4%；博物馆类景区的收入最少，仅 20.7 万元，占比不足 0.1%。

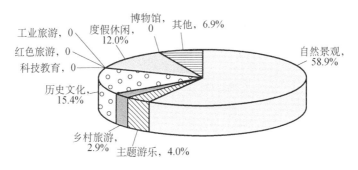

图 7-8　滇西边境山区 A 级旅游景区收入分类型分布图

从景区类型和等级（表 7-6、图 7-9）综合来看，自然景观类景区中 5A 级旅游景区收入最多，景区收入为 7.5 亿元；4A 级旅游景区次之，为 1.1 亿元。历史文化类景区中 2A 级旅游景区收入最多，为 1.2 亿元；其次是 4A 级旅游景区，为 0.8 亿元。

**表 7-6　滇西边境山区 A 级旅游景区收入分类型等级统计表**（单位：亿元）

| 景区类型 | 5A 级旅游景区 | 4A 级旅游景区 | 3A 级旅游景区 | 2A 级旅游景区 | 1A 级旅游景区 | 合计 |
|---|---|---|---|---|---|---|
| 自然景观 | 7.5 | 1.1 | 0.4 | 1.0 | 0.3 | 10.3 |
| 主题游乐 | 0.0 | 0.7 | 0.0 | 0.0 | 0.0 | 0.7 |
| 乡村旅游 | 0.0 | 0.0 | 0.5 | 0.0 | 0.0 | 0.5 |
| 历史文化 | 0.0 | 0.8 | 0.7 | 1.2 | 0.0 | 2.7 |
| 科技教育 | 0.0 | 0.0 | 0.0 | 0.0 | 0.0 | 0.0 |
| 红色旅游 | 0.0 | 0.0 | 0.0 | 0.0 | 0.0 | 0.0 |
| 工业旅游 | 0.0 | 0.0 | 0.0 | 0.0 | 0.0 | 0.0 |
| 度假休闲 | 0.0 | 1.5 | 0.4 | 0.2 | 0.0 | 2.1 |
| 博物馆 | 0.0 | 0.0 | 0.0 | 0.0 | 0.0 | 0.0 |
| 其他 | 0.8 | 0.4 | 0.0 | 0.0 | 0.0 | 1.2 |
| 合计 | 8.3 | 4.5 | 2.0 | 2.4 | 0.3 | 17.5 |

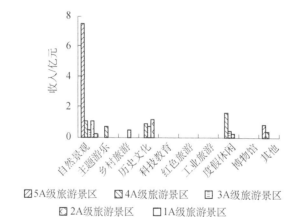

图 7-9　滇西边境山区 A 级旅游景区收入分类型等级分布图

## 二、旅游景区分项收入

2015 年，门票收入是滇西边境山区 A 级旅游景区的重要来源，总额为 6.8 亿元，占本地区 A 级景区总收入的 38.9%；其次是餐饮、商品、演艺和交通收入，总额分别为 2.9 亿元、2.5 亿元、2.2 亿元和 1.6 亿元，占比分别为 16.6%、14.3%、12.6%和 9.1%；住宿和其他收入相对较少，分别为 1.2 亿元和 0.3 亿元，占比分别为 6.9%和 1.7%（图 7-10）。

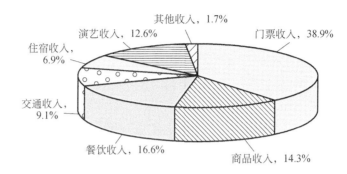

图 7-10 滇西边境山区 A 级旅游景区收入构成分布图

## （一）分等级收入

滇西边境山区不同等级 A 级旅游景区总收入构成中，5A 和 4A 级旅游景区总收入所占比重较大，两者共占本地区 A 级景区总收入的 73.1%。其中，5A 级旅游景区收入构成中以门票、演艺和交通收入为主，分别为 4.5 亿元、2.2 亿元和 1.0 亿元；4A 级旅游景区以商品、门票和交通收入为主，分别是 1.8 亿元、1.3 亿元和 0.5 亿元（表 7-7、图 7-11）。

表 7-7 滇西边境山区 A 级旅游景区收入构成分等级统计表 （单位：亿元）

| 景区类型 | 门票收入 | 商品收入 | 餐饮收入 | 交通收入 | 住宿收入 | 演艺收入 | 其他收入 | 合计 |
|---|---|---|---|---|---|---|---|---|
| 5A 级旅游景区 | 4.5 | 0.4 | 0.2 | 1.0 | 0.0 | 2.2 | 0.0 | 8.3 |
| 4A 级旅游景区 | 1.3 | 1.8 | 0.5 | 0.5 | 0.3 | 0.0 | 0.1 | 4.5 |
| 3A 级旅游景区 | 0.5 | 0.1 | 0.8 | 0.1 | 0.4 | 0.0 | 0.1 | 2.0 |
| 2A 级旅游景区 | 0.4 | 0.2 | 1.3 | 0.0 | 0.5 | 0.0 | 0.0 | 2.4 |
| 1A 级旅游景区 | 0.1 | 0.0 | 0.1 | 0.0 | 0.0 | 0.0 | 0.1 | 0.3 |
| 合计 | 6.8 | 2.5 | 2.9 | 1.6 | 1.2 | 2.2 | 0.3 | 17.5 |

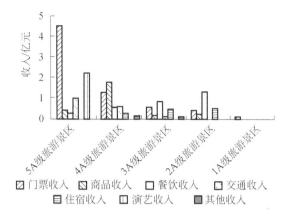

图 7-11　滇西边境山区 A 级旅游景区收入构成分等级分布图

## （二）分类型收入

自然景观类和历史文化类景区收入较高，分别为 10.3 亿元和 2.7 亿元。其中，自然景观类旅游景区以门票、演艺和交通收入为主，分别为 4.7 亿元、2.2 亿元和 1.3 亿元。历史文化类景区以餐饮、门票和住宿收入为主，分别是 1.4 亿元、0.5 亿元和 0.4 亿元（表 7-8、图 7-12）。

表 7-8　滇西边境山区 A 级旅游景区收入构成分类型统计表　（单位：亿元）

| 景区类型 | 门票收入 | 商品收入 | 餐饮收入 | 交通收入 | 住宿收入 | 演艺收入 | 其他收入 | 合计 |
|---|---|---|---|---|---|---|---|---|
| 自然景观 | 4.7 | 0.6 | 0.7 | 1.3 | 0.5 | 2.2 | 0.3 | 10.3 |
| 主题游乐 | 0.5 | 0.0 | 0.2 | 0.0 | 0.0 | 0.0 | 0.0 | 0.7 |
| 乡村旅游 | 0.1 | 0.0 | 0.4 | 0.0 | 0.0 | 0.0 | 0.0 | 0.5 |
| 历史文化 | 0.5 | 0.3 | 1.4 | 0.1 | 0.4 | 0.0 | 0.0 | 2.7 |
| 科技教育 | 0.0 | 0.0 | 0.0 | 0.0 | 0.0 | 0.0 | 0.0 | 0.0 |
| 红色旅游 | 0.0 | 0.0 | 0.0 | 0.0 | 0.0 | 0.0 | 0.0 | 0.0 |
| 工业旅游 | 0.0 | 0.0 | 0.0 | 0.0 | 0.0 | 0.0 | 0.0 | 0.0 |
| 度假休闲 | 0.2 | 1.5 | 0.1 | 0.0 | 0.3 | 0.0 | 0.0 | 2.1 |
| 博物馆 | 0.0 | 0.0 | 0.0 | 0.0 | 0.0 | 0.0 | 0.0 | 0.0 |
| 其他 | 0.8 | 0.1 | 0.1 | 0.2 | 0.0 | 0.0 | 0.0 | 1.2 |
| 合计 | 6.8 | 2.5 | 2.9 | 1.6 | 1.2 | 2.2 | 0.3 | 17.5 |

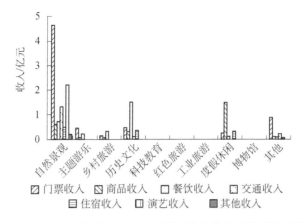

图 7-12　六滇西边境山区 A 级旅游区收入构成分类型分布图

## 三、旅游景区投资

2015 年，滇西边境山区 A 级旅游景区总投资为 10.2 亿元，占中国贫困地区 A 级旅游景区总投资的 3.8%，景区平均投资为 1555.3 万元。其中景区内部建设投资为 8.2 亿元，外部建设投资为 2.0 亿元。

从景区等级（表 7-9）来看，2015 年 4A 级旅游景区建设总投资最多，为 3.4 亿元，占滇西边境山区所有 A 级旅游景区当年建设总投资的 29.8%。从景区类型来看，自然景观类和度假休闲类景区的总投资比重较大，分别是 3.5 亿元和 2.2 亿元。

从景区等级和类型（图 7-13）综合来看，自然景观类景区中 4A 级旅游景区的建设投资最多，达 1.6 亿元；度假休闲类景区中 3A 级旅游景区的建设投资较多，为 1.2 亿元。

表 7-9　滇西边境山区 A 级旅游景区建设投资分类型等级统计表（单位：亿元）

| 景区类型 | 5A 级旅游景区 | 4A 级旅游景区 | 3A 级旅游景区 | 2A 级旅游景区 | 1A 级旅游景区 | 合计 |
|---|---|---|---|---|---|---|
| 自然景观 | 0.5 | 1.6 | 0.5 | 0.9 | 0.0 | 3.5 |
| 主题游乐 | 0.0 | 0.6 | 0.5 | 0.0 | 0.0 | 1.1 |

续表

| 景区类型 | 5A 级旅游景区 | 4A 级旅游景区 | 3A 级旅游景区 | 2A 级旅游景区 | 1A 级旅游景区 | 合计 |
|---|---|---|---|---|---|---|
| 乡村旅游 | 0.0 | 0.0 | 0.0 | 0.1 | 0.0 | 0.1 |
| 历史文化 | 0.0 | 0.5 | 0.6 | 0.6 | 0.0 | 1.7 |
| 科技教育 | 0.0 | 0.0 | 0.0 | 0.0 | 0.0 | 0.0 |
| 红色旅游 | 0.0 | 0.0 | 0.2 | 0.0 | 0.0 | 0.2 |
| 工业旅游 | 0.0 | 0.0 | 0.0 | 0.0 | 0.0 | 0.0 |
| 度假休闲 | 0.0 | 0.6 | 1.2 | 0.4 | 0.0 | 2.2 |
| 博物馆 | 0.0 | 0.0 | 0.0 | 0.1 | 0.0 | 0.1 |
| 其他 | 0.8 | 0.1 | 0.0 | 0.4 | 0.0 | 1.5 |
| 合计 | 1.3 | 3.4 | 3.0 | 2.5 | 0.0 | 10.2 |

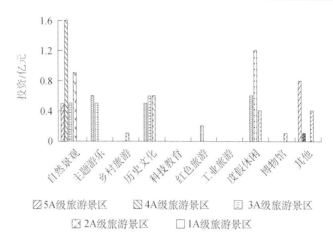

图 7-13　滇西边境山区 A 级旅游景区建设投资分类型等级分布图

# 第四节　管理与就业

## 一、经营机构

2015 年，滇西边境山区 A 级旅游景区经营机构共 73 家，共分三种类

型。其中企业类经营机构最多，为 44 家；其次是事业单位类型经营机构
24 家；行政单位类型经营机构数量较少，为 5 家（图 7-14）。

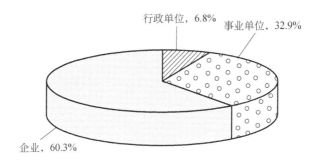

图 7-14　滇西边境山区 A 级旅游区经营管理机构数量分布图

## 二、就业情况

2015 年，滇西边境山区 A 级旅游景区固定就业人数共计 9178 人，占全国
贫困地区 A 级旅游景区固定就业总人数的 7.0%，景区平均就业 125.7 人；临
时（季节性）就业为 3675 人次。其中，5A 级旅游景区固定就业人数最多，为
3952 人，占滇西边境山区 A 级旅游景区固定就业总人数的 43.1%（表 7-10）。

表 7-10　滇西边境山区 A 级旅游景区固定用工分等级统计表

| 景区等级 | 5A 级旅游景区 | 4A 级旅游景区 | 3A 级旅游景区 | 2A 级旅游景区 | 1A 级旅游景区 | 合计 |
|---|---|---|---|---|---|---|
| 固定用工人数/人 | 3952 | 1967 | 1753 | 1370 | 136 | 9178 |
| 比例/% | 43.1 | 21.4 | 19.1 | 14.9 | 1.5 | 100.0 |

从景区类型看，自然景观类景区的固定就业人数最多，为 5515 人，占本地
区 A 级旅游景区固定就业总人数的 60.1%；其次是度假休闲类、历史文化类和
其他类三种类型景区，固定就业人数分别为 1089 人、1036 人和 1009 人，分别
占本地区 A 级旅游景区固定就业总人数的 11.9% 、11.3%和 11.0%。其中，自
然景观类景区以 5A 级固定就业人数最多，为 3230 人；度假休闲类景区以 4A
级固定就业人数最多，为 582 人；历史文化类景区以 3A 级固定就业人数最多，

为 472 人；其他类景区以 5A 级固定就业人数最多，为 722 人（表 7-11、图 7-15）。

**表 7-11　滇西边境山区 A 级旅游景区固定用工分类型等级统计表**　（单位：人）

| 景区类型 | 5A 级旅游景区 | 4A 级旅游景区 | 3A 级旅游景区 | 2A 级旅游景区 | 1A 级旅游景区 | 合计 |
|---|---|---|---|---|---|---|
| 自然景观 | 3230 | 676 | 761 | 728 | 120 | 5515 |
| 主题游乐 | 0 | 200 | 20 | 26 | 7 | 253 |
| 乡村旅游 | 0 | 0 | 226 | 15 | 0 | 241 |
| 历史文化 | 0 | 278 | 472 | 284 | 2 | 1036 |
| 科技教育 | 0 | 0 | 0 | 0 | 0 | 0 |
| 红色旅游 | 0 | 0 | 14 | 0 | 0 | 14 |
| 工业旅游 | 0 | 0 | 0 | 0 | 0 | 0 |
| 度假休闲 | 0 | 582 | 240 | 267 | 0 | 1089 |
| 博物馆 | 0 | 5 | 0 | 16 | 0 | 21 |
| 其他 | 722 | 226 | 20 | 34 | 7 | 1009 |
| 合计 | 3952 | 1967 | 1753 | 1370 | 136 | 9178 |

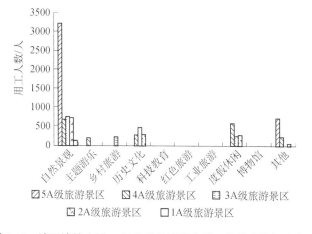

图 7-15　滇西边境山区 A 级旅游景区固定用工分类型等级分布图

## 三、导游情况

2015 年，滇西边境山区 A 级旅游景区导游总数为 673 人，占全国贫困地区 A 级旅游景区导游总数的 7.0%，景区平均导游数量为 9.2 人。其中 4A 和

5A 级旅游景区导游人数较多，分别为 264 人和 189 人，分别占滇西边境山区 A 级旅游景区导游总量的 39.2%和 28.1%（表 7-12、图 7-16）。

**表 7-12　滇西边境山区 A 级旅游景区导游数量分等级统计表**

| 景区等级 | 5A 级旅游景区 | 4A 级旅游景区 | 3A 级旅游景区 | 2A 级旅游景区 | 1A 级旅游景区 | 合计 |
|---|---|---|---|---|---|---|
| 导游人数/人 | 189 | 264 | 81 | 101 | 38 | 673 |
| 比例/% | 28.1 | 39.2 | 12.0 | 15.0 | 5.6 | 100.0 |

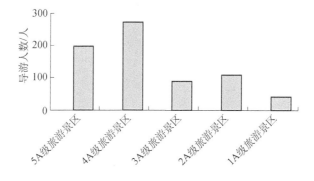

图 7-16　2015 年滇西边境山区 A 级旅游景区导游人员分等级分布图

# 第八章

# 大兴安岭南麓山区 A 级旅游景区发展情况

　　大兴安岭南麓山区横跨内蒙古、吉林、黑龙江三个省区，涵盖内蒙古、吉林和黑龙江三省区毗邻的 19 个县（市、旗），其中内蒙古 5 个县（市、旗）、吉林 3 个县（市）和黑龙江 11 个县（表 8-1）。该区区域发展与扶贫攻坚已经取得初步成效，截至 2013 年，大兴安岭南麓片区农民人均纯收入达到 6104 元，比 2011 年增长 35%；农村贫困人口 85 万人，比 2011 年减少 1/3。

　　该区域自然人文旅游资源丰富，拥有阿尔山海神圣泉旅游度假、大安市嫩江湾旅游度假区、阿尔山—柴河旅游景区、龙腾生态温泉度假庄园、镇赉莫莫格国家级自然保护区等众多高品质的旅游景区。

表 8-1　大兴安岭南麓山区行政区划

| 省 | 市（盟） | 县（市、旗） |
|---|---|---|
| 内蒙古（5） | 兴安盟 | 阿尔山市、科尔沁右翼前旗、科尔沁右翼中旗、扎赉特旗、突泉县 |
| 吉林（3） | 白城市 | 镇赉县、通榆县、大安市 |
| 黑龙江（11） | 齐齐哈尔市 | 龙江县、泰来县、甘南县、富裕县、林甸县、克东县、拜泉县 |
| | 绥化市 | 明水县、青冈县、望奎县、兰西县 |

# 第一节　数量与门票价格

2015 年，大兴安岭南麓山区 A 级旅游景区共计 57 家，占贫困区 A 级景区总量的 5.2%，占全国 A 级景区总量的 0.7%。

## 一、等级构成

大兴安岭南麓山区暂无 5A 级旅游景区；有 4A 级旅游景区 9 家，占比为 15.8%；3A 级旅游景区 13 家，占比为 22.8%；2A 级旅游景区 33 家，占比为 57.9%；1A 级旅游景区 2 家，占比为 3.5%（图 8-1）。

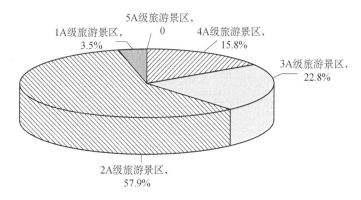

图 8-1　大兴安岭南麓山区 A 级旅游景区分等级分布图

## 二、类型构成

大兴安岭南麓山区 A 级旅游景区以自然景观类数量最多，共计 20 家，占该区 A 级景区总数的 35.1%；其次是度假休闲类景区，共计 11 家，占比为 19.3%；紧随其后的是乡村旅游类景区，为 6 家，占比为 10.5%；工业旅游类景区数量最少，仅为 2 家，占比仅为 3.5%。无科技教育类景区（图 8-2）。

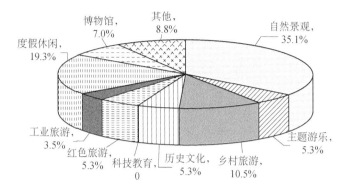

图 8-2 大兴安岭南麓山区 A 级旅游景区分类型分布图

从景区等级和类型（表 8-2、图 8-3）来看，自然景观类中 2A 级旅游景区数量最多，共计 10 家，其次是 4A 和 3A 级旅游景区，均为 5 家；度假休闲类中也是 2A 级旅游景区数量最多，共计 8 家，其次是 4A 级旅游景区，共计 2 家。

表 8-2　兴安岭南麓山区 A 级旅游景区分类型等级统计表 （单位：家）

| 景区类型 | 5A 级旅游景区 | 4A 级旅游景区 | 3A 级旅游景区 | 2A 级旅游景区 | 1A 级旅游景区 | 合计 |
|---|---|---|---|---|---|---|
| 自然景观 | 0 | 5 | 5 | 10 | 0 | 20 |
| 主题游乐 | 0 | 2 | 0 | 1 | 0 | 3 |
| 乡村旅游 | 0 | 0 | 0 | 5 | 1 | 6 |
| 历史文化 | 0 | 0 | 1 | 2 | 0 | 3 |
| 科技教育 | 0 | 0 | 0 | 0 | 0 | 0 |
| 红色旅游 | 0 | 0 | 2 | 1 | 0 | 3 |
| 工业旅游 | 0 | 0 | 0 | 1 | 1 | 2 |
| 度假休闲 | 0 | 2 | 1 | 8 | 0 | 11 |
| 博物馆 | 0 | 0 | 3 | 1 | 0 | 4 |
| 其他 | 0 | 0 | 1 | 4 | 0 | 5 |
| 合计 | 0 | 9 | 13 | 33 | 2 | 57 |

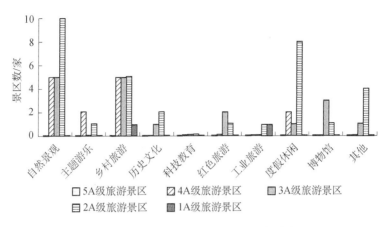

图 8-3　大兴安岭南麓山区 A 级旅游景区分类型等级分布图

# 三、门票价格

2015 年，大兴安岭南麓山区 57 家 A 级旅游景区的门票价格总计 1481 元，平均门票价格为 26.0 元，较全国平均水平低了 5.0 元。

从景区等级来看，4A 级旅游景区的平均门票价格最高，达到 108.7 元；其次是 3A 和 2A 级景区，平均门票价格分别为 28.2 元和 4.2 元；1A 级景区的平均门票价格相对最低，暂时为 0（表 8-3）。

表 8-3　2015 年大兴安岭南麓山区 A 级旅游景区门票价格分等级统计表

| 景区等级 | 门票价格总额/元 | 景区数量/家 | 平均门票价格/元 |
| --- | --- | --- | --- |
| 5A 级旅游景区 | 0 | 0 | 0.0 |
| 4A 级旅游景区 | 978 | 9 | 108.7 |
| 3A 级旅游景区 | 366 | 13 | 28.2 |
| 2A 级旅游景区 | 137 | 33 | 4.2 |
| 1A 级旅游景区 | 0 | 2 | 0.0 |
| 合计 | 1481 | 57 | 26.0 |

从类型（表 8-4）来看，2015 年大兴安岭南麓山区主题游乐类景区的平均门票价格最高，为 115.3 元；其次是历史文化类和自然景观类两类景区，平均门票价格分别为 54.3 元和 37.3 元；红色旅游类、工业旅游类与博物馆类景区

的平均门票价格最低，目前均为 0。

表 8-4　2015 年大兴安岭南麓山区 A 级旅游景区门票价格分类型统计表

| 景区类型 | 门票价格总额/元 | 景区数量/家 | 平均门票价格/元 |
|---|---|---|---|
| 自然景观 | 746 | 20 | 37.3 |
| 主题游乐 | 346 | 3 | 115.3 |
| 乡村旅游 | 40 | 6 | 6.7 |
| 历史文化 | 163 | 3 | 54.3 |
| 科技教育 | 0 | 0 | 0.0 |
| 红色旅游 | 0 | 3 | 0.0 |
| 工业旅游 | 0 | 2 | 0.0 |
| 度假休闲 | 139 | 11 | 12.6 |
| 博物馆 | 0 | 4 | 0.0 |
| 其他 | 47 | 5 | 9.4 |
| 合计 | 1481 | 57 | 26.0 |

# 第二节　游客接待量

2015 年，大兴安岭南麓山区 A 级旅游景区游客总接待量为 927.9 万人次，占全国贫困地区 A 级旅游景区接待总量的 2.3%，其中政策性免票人数为 469.9 万人次，景区平均接待量为 16.3 万人次。

## 一、分等级接待量

2015 年，大兴安岭南麓山区 A 级旅游景区游客接待量以 2A 级旅游景区最多，共计 414.3 万人次，占大兴安岭南麓山区 A 级旅游景区游客接待总量的 44.6%；其次是 4A 和 3A 级旅游景区，游客接待量分别为 348.3 万人次和 159.7 万人次，占比分别为 37.5% 和 17.2%；1A 级旅游景区游客接待量相对较少，接待人数为 5.6 万人次，占比为 0.6%（图 8-4）。

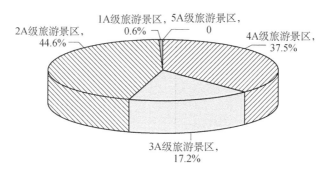

图 8-4　大兴安岭南麓山区 A 级旅游景区游客接待量分等级分布图

## 二、分类型接待量

2015 年，大兴安岭南麓山区不同类型 A 级旅游景区游客接待量差异较大，其中自然景观类与主题游乐类景区游客接待量最多，分别为 422.7 万人次和 189.8 万人次，分别占大兴安岭南麓山区 A 级旅游景区接待总量的 45.6%和 20.5%；其次是度假休闲类和乡村旅游类景区，游客接待量分别为 90.1 万人次和 79.8 万人次，占比分别为 9.7%和 8.6%；红色旅游类与工业旅游类旅游景区游客接待量最少，分别为 21.7 万人次和 7.2 万人次，占比仅分别为 2.3%和 0.8%（图 8-5）。

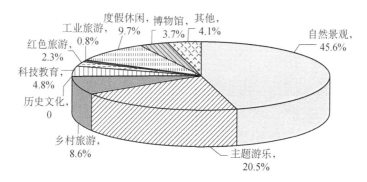

图 8-5　大兴安岭南麓山区 A 级旅游景区游客接待量分类型分布图

从景区类型和等级（表 8-5、图 8-6）综合来看，自然景观类以 4A 级旅游景区的游客接待量最多，共计 225.2 万人次，其次是 2A 级旅游景区，游客接待量共计 160.6 万人次；主题游乐类中也是 4A 级旅游景区游客接待量最多，共计 102.3 万人次，其次是 2A 级旅游景区，游客接待量共计87.5 万人次。

表 8-5  大兴安岭南麓山区 A 级旅游景区游客接待量分类型等级统计表

（单位：万人次）

| 景区类型 | 5A 级旅游景区 | 4A 级旅游景区 | 3A 级旅游景区 | 2A 级旅游景区 | 1A 级旅游景区 | 合计 |
|---|---|---|---|---|---|---|
| 自然景观 | 0.0 | 225.2 | 36.9 | 160.6 | 0.0 | 422.7 |
| 主题游乐 | 0.0 | 102.3 | 0.0 | 87.5 | 0.0 | 189.8 |
| 乡村旅游 | 0.0 | 0.0 | 0.0 | 75.6 | 4.2 | 79.8 |
| 历史文化 | 0.0 | 0.0 | 37.4 | 6.8 | 0.0 | 44.2 |
| 科技教育 | 0.0 | 0.0 | 0.0 | 0.0 | 0.0 | 0.0 |
| 红色旅游 | 0.0 | 0.0 | 19.0 | 2.7 | 0.0 | 21.7 |
| 工业旅游 | 0.0 | 0.0 | 0.0 | 5.8 | 1.4 | 7.2 |
| 度假休闲 | 0.0 | 20.8 | 43.4 | 25.9 | 0.0 | 90.1 |
| 博物馆 | 0.0 | 0.0 | 16.9 | 17.6 | 0.0 | 34.5 |
| 其他 | 0.0 | 0.0 | 6.1 | 31.8 | 0.0 | 37.9 |
| 合计 | 0.0 | 348.3 | 159.7 | 414.3 | 5.6 | 927.9 |

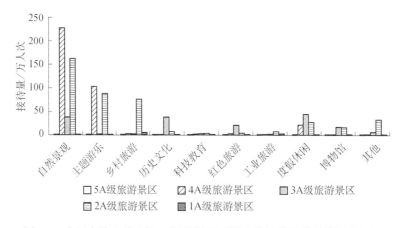

图 8-6  大兴安岭南麓山区 A 级旅游景区游客接待量分类型等级分布图

# 第三节　收入与投资

## 一、旅游景区总收入情况

2015 年，大兴安岭南麓山区 A 级旅游景区旅游总收入为 5.8 亿元，占全国贫困地区 A 级景区旅游总收入的 0.9%，景区平均收入为 1022.9 万元。

### （一）分等级收入

2015 年大兴安岭南麓山区 A 级旅游景区总收入以 4A 级旅游景区最高，共计 4.0 亿元，占该地区 A 级景区总收入的 69.0%；其次是 2A 级旅游景区，景区总收入共计 1.4 亿元，占比为 24.1%；3A 和 1A 级旅游景区收入相对较少，仅 4089.6 万元和 320.0 万元，占比分别为 6.9% 和 0（图 8-7）。

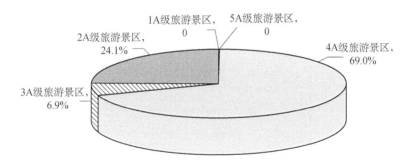

图 8-7　大兴安岭南麓山区 A 级旅游景区收入分等级分布图

### （二）分类型收入

从景区类型（图 8-8）看，2015 年大兴安岭南麓山区 A 级旅游景区中自然景观类的收入位居榜首，达到 2.1 亿元，占全区 A 级景区总收入的 36.2%；其次是主题游乐类景区，景区收入为 1.6 亿元，占比为 27.6%；工业旅游类景区的收入最少，仅 51.8 万元，占比为 0。

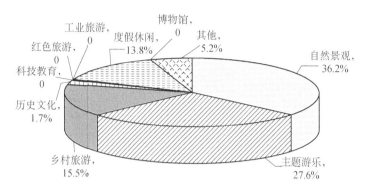

图 8-8  大兴安岭南麓山区 A 级旅游景区收入分类型分布图

从景区类型和等级（表 8-6、图 8-9）综合来看，自然景观类景区中 4A 级旅游景区收入最多，景区收入为 1.8 亿元，2A 级旅游景区次之，为 0.2 亿元；主题游乐类景区中只有 4A 级旅游景区这一类，收入为 1.6 亿元。

表 8-6  大兴安岭南麓山区 A 级旅游景区收入分类型等级统计表  （单位：亿元）

| 景区类型 | 5A 级旅游景区 | 4A 级旅游景区 | 3A 级旅游景区 | 2A 级旅游景区 | 1A 级旅游景区 | 合计 |
|---|---|---|---|---|---|---|
| 自然景观 | 0.0 | 1.8 | 0.1 | 0.2 | 0.0 | 2.1 |
| 主题游乐 | 0.0 | 1.6 | 0.0 | 0.0 | 0.0 | 1.6 |
| 乡村旅游 | 0.0 | 0.0 | 0.0 | 0.9 | 0.0 | 0.9 |
| 历史文化 | 0.0 | 0.0 | 0.1 | 0.0 | 0.0 | 0.1 |
| 科技教育 | 0.0 | 0.0 | 0.0 | 0.0 | 0.0 | 0.0 |
| 红色旅游 | 0.0 | 0.0 | 0.0 | 0.0 | 0.0 | 0.0 |
| 工业旅游 | 0.0 | 0.0 | 0.0 | 0.0 | 0.0 | 0.0 |
| 度假休闲 | 0.0 | 0.6 | 0.2 | 0 | 0.0 | 0.8 |
| 博物馆 | 0.0 | 0.0 | 0.0 | 0.0 | 0.0 | 0.0 |
| 其他 | 0.0 | 0.0 | 0.0 | 0.3 | 0.0 | 0.3 |
| 合计 | 0.0 | 4.0 | 0.4 | 1.4 | 0.0 | 5.8 |

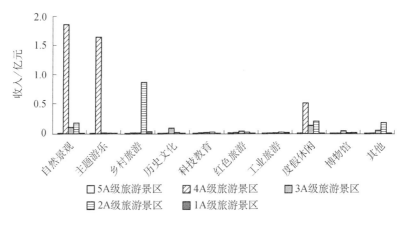

图 8-9　大兴安岭南麓山区 A 级旅游景区收入分类型等级分布图

## 二、旅游景区分项收入

2015 年，门票收入是大兴安岭南麓山区 A 级旅游景区的重要来源，总额为 2.4 亿元，占本地区 A 级景区总收入的 41.4%；其次是餐饮、住宿和交通收入，总额分别为 1.2 亿元、0.7 亿元和 0.7 亿元，占比分别为 20.7%、12.1% 和 12.1%；其他类和演艺类收入相对较少，分别为 0.3 亿元和 0.0 亿元，占比分别为 5.2% 和 0（图 8-10）。

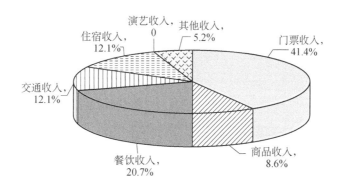

图 8-10　大兴安岭南麓山区 A 级旅游景区收入构成分布图

## （一）分等级收入

大兴安岭南麓山区不同等级 A 级旅游景区总收入构成中，4A 级旅游景区总收入所占比重最大，占本地区 A 级景区总收入的 69.0%，其次是 2A 级旅游景区，占比为 24.1%。其中，4A 级旅游景区收入构成中以门票、交通、餐饮和住宿收入为主，分别为 2.2 亿元、0.6 亿元、0.5 亿元和 0.5 亿元。2A 级旅游景区以餐饮、商品、门票、住宿和其他收入为主，分别是 0.5 亿元、0.2 亿元、0.2 亿元、0.2 亿元和 0.2 亿元（表 8-7、图 8-11）。

**表 8-7　大兴安岭南麓山区 A 级旅游景区收入构成分等级统计表**（单位：亿元）

| 景区类型 | 门票收入 | 商品收入 | 餐饮收入 | 交通收入 | 住宿收入 | 演艺收入 | 其他收入 | 合计 |
|---|---|---|---|---|---|---|---|---|
| 5A 级旅游景区 | 0.0 | 0.0 | 0.0 | 0.0 | 0.0 | 0.0 | 0.0 | 0.0 |
| 4A 级旅游景区 | 2.2 | 0.1 | 0.5 | 0.6 | 0.5 | 0.0 | 0.1 | 4.0 |
| 3A 级旅游景区 | 0.0 | 0.2 | 0.2 | 0.0 | 0.0 | 0.0 | 0.0 | 0.4 |
| 2A 级旅游景区 | 0.2 | 0.2 | 0.5 | 0.1 | 0.2 | 0.0 | 0.2 | 1.4 |
| 1A 级旅游景区 | 0.0 | 0.0 | 0.0 | 0.0 | 0.0 | 0.0 | 0.0 | 0.0 |
| 合计 | 2.4 | 0.5 | 1.2 | 0.7 | 0.7 | 0.0 | 0.3 | 5.8 |

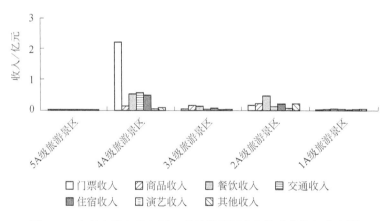

图 8-11　大兴安岭南麓山区 A 级旅游景区收入构成分等级分布图

## （二）分类型收入

自然景观类和主题游乐类景区收入较高，分别为 2.1 亿元和 1.6 亿元。其中，自然景观类旅游景区以门票、交通和餐饮收入为主，分别为 0.9 亿元、0.6 亿元和 0.2 亿元。主题游乐类景区以门票、餐饮、商品和住宿收入为主，分别是 1.1 亿元、0.3 亿元、0.1 亿元和 0.1 亿元（表 8-8、图 8-12）。

**表 8-8　大兴安岭南麓山区 A 级旅游景区分类型收入构成统计表**（单位：亿元）

| 景区类型 | 门票收入 | 商品收入 | 餐饮收入 | 交通收入 | 住宿收入 | 演艺收入 | 其他收入 | 合计 |
|---|---|---|---|---|---|---|---|---|
| 自然景观 | 0.9 | 0.1 | 0.2 | 0.6 | 0.1 | 0.0 | 0.2 | 2.1 |
| 主题游乐 | 1.1 | 0.1 | 0.3 | 0.0 | 0.1 | 0.0 | 0.0 | 1.6 |
| 乡村旅游 | 0.2 | 0.1 | 0.4 | 0.1 | 0.1 | 0.0 | 0.0 | 0.9 |
| 历史文化 | 0.0 | 0.0 | 0.0 | 0.0 | 0.1 | 0.0 | 0.0 | 0.1 |
| 科技教育 | 0.0 | 0.0 | 0.0 | 0.0 | 0.0 | 0.0 | 0.0 | 0.0 |
| 红色旅游 | 0.0 | 0.0 | 0.0 | 0.0 | 0.0 | 0.0 | 0.0 | 0.0 |
| 工业旅游 | 0.0 | 0.0 | 0.0 | 0.0 | 0.0 | 0.0 | 0.0 | 0.0 |
| 度假休闲 | 0.2 | 0.1 | 0.3 | 0.0 | 0.2 | 0.0 | 0.0 | 0.8 |
| 博物馆 | 0.0 | 0.0 | 0.0 | 0.0 | 0.0 | 0.0 | 0.0 | 0.0 |
| 其他 | 0.0 | 0.1 | 0.0 | 0.0 | 0.1 | 0.0 | 0.1 | 0.3 |
| 合计 | 2.4 | 0.5 | 1.2 | 0.7 | 0.7 | 0.0 | 0.3 | 5.8 |

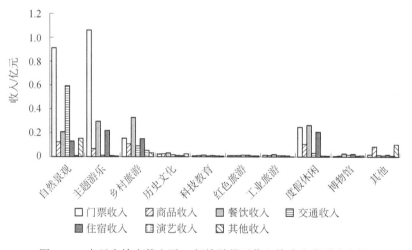

图 8-12　大兴安岭南麓山区 A 级旅游景区收入构成分类型分布图

## 三、旅游景区投资

2015 年大兴安岭南麓山区 A 级旅游景区总投资为 2.8 亿元，占中国贫困地区 A 级旅游景区总投资的 0.9%，景区平均投资为 487.1 万元。其中景区内部建设投资为 2.6 亿元，景区外部建设投资为 0.2 亿元。

从景区等级（表 8-9）来看，2015 年 4A 级旅游景区建设总投资最多，为 2.0 亿元，占大兴安岭南麓山区所有 A 级旅游景区当年建设总投资的 71.4%。从景区类型来看，自然景观类和度假休闲类景区的总投资较多，分别是 1.6 亿元和 1.0 亿元。

**表 8-9　大兴安岭南麓山区 A 级旅游景区建设投资分类型等级统计表**（单位：亿元）

| 景区类型 | 5A 级旅游景区 | 4A 级旅游景区 | 3A 级旅游景区 | 2A 级旅游景区 | 1A 级旅游景区 | 合计 |
|---|---|---|---|---|---|---|
| 自然景观 | 0.0 | 1.4 | 0.1 | 0.1 | 0.0 | 1.6 |
| 主题游乐 | 0.0 | 0.0 | 0.0 | 0.0 | 0.0 | 0.0 |
| 乡村旅游 | 0.0 | 0.0 | 0.0 | 0.0 | 0.0 | 0.0 |
| 历史文化 | 0.0 | 0.0 | 0.0 | 0.0 | 0.0 | 0.0 |
| 科技教育 | 0.0 | 0.0 | 0.0 | 0.0 | 0.0 | 0.0 |
| 红色旅游 | 0.0 | 0.0 | 0.0 | 0.0 | 0.0 | 0.0 |
| 工业旅游 | 0.0 | 0.0 | 0.0 | 0.0 | 0.0 | 0.0 |
| 度假休闲 | 0.0 | 0.6 | 0.0 | 0.4 | 0.0 | 1.0 |
| 博物馆 | 0.0 | 0.0 | 0.0 | 0.0 | 0.0 | 0.0 |
| 其他 | 0.0 | 0.0 | 0.2 | 0.0 | 0.0 | 0.2 |
| 合计 | 0.0 | 2.0 | 0.3 | 0.5 | 0.0 | 2.8 |

从景区等级和类型综合来看，自然景观类景区中 4A 级旅游景区的建设投资最多，达 1.4 亿元；度假休闲类景区中也是 4A 级旅游景区的建设投资较多，为 0.6 亿元（图 8-13）。

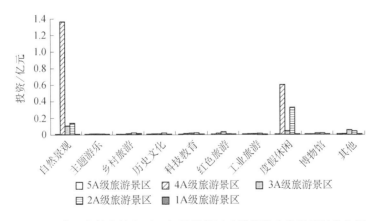

图 8-13　大兴安岭南麓山区 A 级旅游景区建设投资分类型等级分布图

# 第四节 管理与就业

## 一、经营机构

2015年，大兴安岭南麓山区A级旅游景区经营机构共57家，共分三种类型。其中企业类经营机构最多，为30家；其次是事业单位类型经营机构19家；行政单位类型经营机构数量较少，为8家（图8-14）。

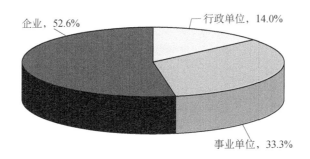

图8-14 大兴安岭南麓山区A级旅游景区经营管理机构数量分布图

## 二、就业情况

2015年，大兴安岭南麓山区A级旅游景区固定就业人数共计3987人，占全国贫困地区A级旅游景区固定就业总人数的3.1%，景区平均就业人数为69.9人；临时（季节性）就业人次为1922人次。其中，2A级旅游景区固定就业人数最多，为2470人，占大兴安岭南麓山区A级旅游景区固定就业总人数的62.0%（表8-10）。

表8-10 大兴安岭南麓山区A级旅游景区固定用工分等级统计表

| 景区等级 | 5A级旅游景区 | 4A级旅游景区 | 3A级旅游景区 | 2A级旅游景区 | 1A级旅游景区 | 合计 |
|---|---|---|---|---|---|---|
| 固定用工人数/人 | 0 | 1265 | 209 | 2470 | 43 | 3987 |
| 比例/% | 0.0 | 31.7 | 5.2 | 62.0 | 1.1 | 100.0 |

从景区类型看，自然景观类景区的固定就业人数最多，为 2488 人，占本地区 A 级旅游景区固定就业总人数的 62.4%；其次是度假休闲类和乡村旅游类景区，固定就业人数分别为 573 人和 386 人，分别占本地区 A 级旅游景区固定就业总人数的 14.4% 和 9.7%。其中，自然景观类景区以 2A 和 4A 级固定就业人数较多，分别为 1876 人和 543 人；度假休闲类景区以 4A 和 2A 级固定就业人数较多，分别为 363 人和 175 人；乡村旅游类景区以 2A 级固定就业人数较多，为 361 人（表 8-11、图 8-15）。

**表 8-11　大兴安岭南麓山区 A 级旅游景区固定用工分类型等级统计表**　（单位：人）

| 景区类型 | 5A 级旅游景区 | 4A 级旅游景区 | 3A 级旅游景区 | 2A 级旅游景区 | 1A 级旅游景区 | 合计 |
|---|---|---|---|---|---|---|
| 自然景观 | 0 | 543 | 69 | 1876 | 0 | 2488 |
| 主题游乐 | 0 | 359 | 0 | 0 | 0 | 359 |
| 乡村旅游 | 0 | 0 | 0 | 361 | 25 | 386 |
| 历史文化 | 0 | 0 | 42 | 19 | 0 | 61 |
| 科技教育 | 0 | 0 | 0 | 0 | 0 | 0 |
| 红色旅游 | 0 | 0 | 35 | 6 | 0 | 41 |
| 工业旅游 | 0 | 0 | 0 | 3 | 18 | 21 |
| 度假休闲 | 0 | 363 | 35 | 175 | 0 | 573 |
| 博物馆 | 0 | 0 | 13 | 7 | 0 | 20 |
| 其他 | 0 | 0 | 15 | 23 | 0 | 38 |
| 合计 | 0 | 1265 | 209 | 2470 | 43 | 3987 |

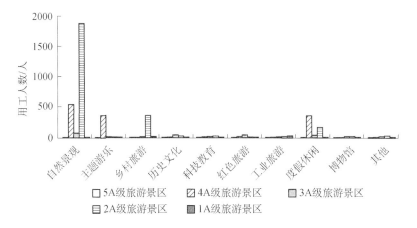

图 8-15　大兴安岭南麓山区 A 级旅游景区固定用工分类型等级分布图

## 三、导游情况

2015 年大兴安岭南麓山区 A 级旅游景区导游总数为 161 人，占全国贫困地区 A 级旅游景区导游总数的 1.7%，景区平均导游数量为 2.8 人。其中 4A 和 2A 级旅游景区导游人数较多，分别为 83 人和 46 人，分别占大兴安岭南麓山区 A 级旅游景区导游总量的 51.6% 和 28.6%（表 8-12、图 8-16）。

**表 8-12　大兴安岭南麓山区 A 级旅游景区导游数量分等级统计表**

| 景区等级 | 5A 级旅游景区 | 4A 级旅游景区 | 3A 级旅游景区 | 2A 级旅游景区 | 1A 级旅游景区 | 合计 |
|---|---|---|---|---|---|---|
| 导游人数/人 | 0 | 83 | 32 | 46 | 0 | 161 |
| 比例/% | 0.0 | 51.6 | 19.9 | 28.6 | 0.0 | 100.0 |

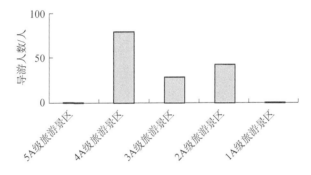

图 8-16　2015 年大兴安岭南麓山区 A 级旅游景区导游人员分等级分布图

# 第九章

## 燕山—太行山区 A 级旅游景区发展情况

燕山—太行山区（表 9-1）地处燕山和太行山腹地，属内蒙古高原和黄土高原向华北平原过渡地带。该片区总面积为 9.3 万平方公里，以横跨河北、山西、内蒙古三省（自治区）的燕山、太行山为核心，辐射河北、山西和内蒙古毗邻的 33 个县（自治县），其中河北 22 个县（自治县）、山西 8 个县和内蒙古 3 个县，其中有 25 个革命老区县、5 个民族自治县和 25 个国家扶贫开发工作重点县。2010 年末总人口为 1097.5 万人，其中乡村人口为 917.6 万人，少数民族人口为 146 万人。

该区生态与文化等旅游资源丰富，地处我国地势第二阶梯向第一阶梯过渡地带，历史上长期为京畿要地和北方游牧文化与中原农耕文化交融地带，地形地貌多样，森林、湿地、草地等生态旅游资源丰富，历史沉淀厚重，文化古迹众多，五台山、恒山蜚声海内外，太行山红色文化影响深远，发展观光、休闲、度假、健身和文化旅游潜力大。该区境内拥有承德避暑山庄、五台山等世界级文化遗产，以及野三坡风景区等为代表的国家 5A 级景区。

表 9-1 燕山—太行山区行政区划

| 省 | 市 | 县（自治县） |
|---|---|---|
| 河北（22） | 保定市 | 涞水县、阜平县、唐县、涞源县、望都县、易县、曲阳县、顺平县 |
| | 张家口市 | 宣化县、张北县、康保县、沽源县、尚义县、蔚县、阳原县、怀安县、万全县 |
| | 承德市 | 承德县、平泉县、隆化县、丰宁满族自治县、围场满族蒙古族自治县 |
| 山西（8） | 大同市 | 阳高县、天镇县、广灵县、灵丘县、浑源县、大同县 |
| | 忻州市 | 五台县、繁峙县 |
| 内蒙古（3） | 乌兰察布市 | 化德县、商都县、兴和县 |

# 第一节 数量与门票价格

2015 年，燕山—太行山区 A 级旅游景区共计 51 家，占贫困区 A 级景区总量的 4.7%，占全国 A 级景区总量的 0.6%。

## 一、等级构成

燕山—太行山区 5A 级旅游景区 2 家，占该区 A 级旅游景区总量的 3.9%；4A 级旅游景区 20 家，占比 39.2%；3A 级旅游景区 16 家，占比 31.4%；2A 级旅游景区 13 家，占比 25.5%；无 1A 级旅游景区（图 9-1）。

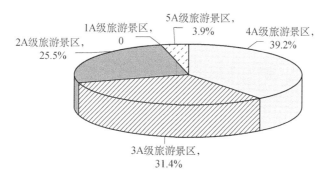

图 9-1 燕山—太行山区 A 级旅游区分等级分布图

## 二、类型构成

　　燕山—太行山区 A 级旅游景区以自然景观类数量最多，共计 24 家，占该区 A 级景区总数的 47.1%；其次是度假休闲类景区，共计 8 家，占比为 15.7%；紧随其后的是历史文化类景区，为 7 家，占比为 13.7%；主题游乐类与工业旅游类景区数量最少，均仅为 1 家，占比均仅为 2.0%。无科技教育类和博物馆类景区（图 9-2）。

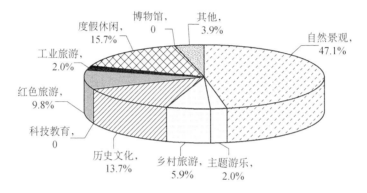

图 9-2　燕山—太行山区 A 级旅游景区分类型分布图

　　从景区等级和类型来看，自然景观类中 3A 级旅游景区数量最多，共计 10 家，其次是 4A 级旅游景区，共计 9 家；度假休闲类景区中 4A 级旅游景区数量最多，共计 6 家，其次是 3A 和 2A 级旅游景区，均为 1 家（表 9-2、图 9-3）。

表 9-2　燕山—太行山区 A 级旅游景区分类型等级统计表（单位：家）

| 景区类型 | 5A 级旅游景区 | 4A 级旅游景区 | 3A 级旅游景区 | 2A 级旅游景区 | 1A 级旅游景区 | 合计 |
|---|---|---|---|---|---|---|
| 自然景观 | 1 | 9 | 10 | 4 | 0 | 24 |
| 主题游乐 | 0 | 0 | 0 | 1 | 0 | 1 |
| 乡村旅游 | 0 | 0 | 0 | 3 | 0 | 3 |
| 历史文化 | 1 | 2 | 2 | 2 | 0 | 7 |
| 科技教育 | 0 | 0 | 0 | 0 | 0 | 0 |
| 红色旅游 | 0 | 3 | 2 | 0 | 0 | 5 |
| 工业旅游 | 0 | 0 | 0 | 1 | 0 | 1 |
| 度假休闲 | 0 | 6 | 1 | 1 | 0 | 8 |

续表

| 景区类型 | 5A级旅游景区 | 4A级旅游景区 | 3A级旅游景区 | 2A级旅游景区 | 1A级旅游景区 | 合计 |
|---|---|---|---|---|---|---|
| 博物馆 | 0 | 0 | 0 | 0 | 0 | 0 |
| 其他 | 0 | 0 | 1 | 1 | 0 | 2 |
| 合计 | 2 | 20 | 16 | 13 | 0 | 51 |

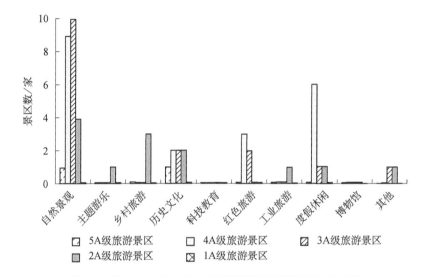

图9-3　燕山—太行山区A级旅游景区分类型等级分布图

# 三、门票价格

2015年，燕山—太行山区51家A级旅游景区的门票价格总计2263元，平均门票价格为44.4元，较全国平均水平高了13.4元。

从景区等级来看，5A级旅游景区的平均门票价格最高，达到134.5元；其次是4A和3A级景区，平均门票价格分别为64.4元和35.6元；2A级景区的平均门票价格相对最低，为10.5元（表9-3）。

表9-3　2015年燕山—太行山区A级旅游景区门票价格分等级统计表

| 景区等级 | 门票价格总额/元 | 景区数量/家 | 平均门票价格/元 |
|---|---|---|---|
| 5A级旅游景区 | 269 | 2 | 134.5 |
| 4A级旅游景区 | 1287 | 20 | 64.4 |
| 3A级旅游景区 | 570 | 16 | 35.6 |

续表

| 景区等级 | 门票价格总额/元 | 景区数量/家 | 平均门票价格/元 |
|---|---|---|---|
| 2A 级旅游景区 | 137 | 13 | 10.5 |
| 1A 级旅游景区 | 0 | 0 | 0.0 |
| 合计 | 2263 | 51 | 44.4 |

从类型来看，2015 年燕山—太行山区历史文化类和自然景观类景区的平均门票价格相对较高，分别为 63.4 元和 59.8 元；其次是度假休闲类和红色旅游类两类景区，平均门票价格分别为 29.5 元和 26.0 元；乡村旅游类景区的平均门票价格相对较低，为 5.7 元；主题游乐类、工业旅游类和他类景区的平均门票价格最低，目前均为 0（表 9-4）。

表 9-4　2015 年燕山—太行山区 A 级旅游景区门票价格分类型统计表

| 景区类型 | 门票价格总额/元 | 景区数量/家 | 平均门票价格/元 |
|---|---|---|---|
| 自然景观 | 1436 | 24 | 59.8 |
| 主题游乐 | 0 | 1 | 0.0 |
| 乡村旅游 | 17 | 3 | 5.7 |
| 历史文化 | 444 | 7 | 63.4 |
| 科技教育 | 0 | 0 | 0.0 |
| 红色旅游 | 130 | 5 | 26.0 |
| 工业旅游 | 0 | 1 | 0.0 |
| 度假休闲 | 236 | 8 | 29.5 |
| 博物馆 | 0 | 0 | 0.0 |
| 其他 | 0 | 2 | 0.0 |
| 合计 | 2263 | 51 | 44.4 |

# 第二节　游客接待量

2015 年，燕山—太行山区 A 级旅游景区游客总接待量为 1902.2 万人次，占全国贫困地区 A 级旅游景区接待总量的 4.8%，其中政策性免票人数为 721.5 万人次，景区平均接待量为 37.3 万人次。

## 一、分等级接待量

2015 年，燕山—太行山区 A 级旅游景区游客接待量以 5A 级旅游景区最多，共计 812.3 万人次，占燕山—太行山区 A 级旅游景区游客接待总量的 42.7%；其次是 4A 和 3A 级旅游景区，游客接待量分别为 755.7 万人次和 200.4 万人次，占比分别为 39.7%和 10.5%；2A 级旅游景区游客接待量相对较少，接待人数为 133.8 万人次，占比为 7.0%（图 9-4）。

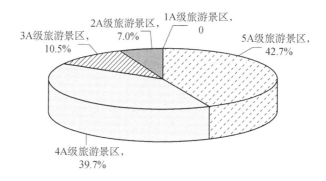

图 9-4　燕山—太行山区 A 级旅游景区游客接待量分等级分布图

## 二、分类型接待量

2015 年，燕山—太行山区不同类型（图 9-5）A 级旅游景区游客接待量差异较大，其中自然景观类与历史文化类景区游客接待量最多，分别为 847.3 万人次和 595.3 万人次，分别占燕山—太行山区 A 级旅游景区接待总量的 44.5%和 31.3%；其次是度假休闲类景区，游客接待量为 243.8 万人次，占比为 12.8%；主题游乐类与工业旅游类旅游景区游客接待量最少，分别为 4.6 万人次和 1.1 万人次，占比均为 0。

从景区类型和等级综合来看，自然景观类以 5A 级旅游景区的游客接待量最多，共计 336.6 万人次，其次是 4A 级旅游景区，游客接待量共计 334.9 万

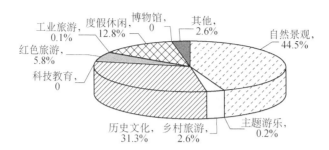

图 9-5　燕山—太行山区 A 级旅游景区游客接待量分类型分布图

人次；历史文化类中 5A 级旅游景区游客接待量最多，共计 475.7 万人次，其次是 4A 级旅游景区，游客接待量共计 87.1 万人次（表 9-5、图 9-6）。

表 9-5　燕山—太行山区 A 级旅游景区游客接待量分类型等级统计表　（单位：万人次）

| 景区类型 | 5A 级旅游景区 | 4A 级旅游景区 | 3A 级旅游景区 | 2A 级旅游景区 | 1A 级旅游景区 | 合计 |
|---|---|---|---|---|---|---|
| 自然景观 | 336.6 | 334.9 | 123.9 | 51.9 | 0.0 | 847.3 |
| 主题游乐 | 0.0 | 0.0 | 0.0 | 4.6 | 0.0 | 4.6 |
| 乡村旅游 | 0.0 | 0.0 | 0.0 | 49.5 | 0.0 | 49.5 |
| 历史文化 | 475.7 | 87.1 | 9.1 | 23.4 | 0.0 | 595.3 |
| 科技教育 | 0.0 | 0.0 | 0.0 | 0.0 | 0.0 | 0.0 |
| 红色旅游 | 0.0 | 94.0 | 16.5 | 0.0 | 0.0 | 110.5 |
| 工业旅游 | 0.0 | 0.0 | 0.0 | 1.1 | 0.0 | 1.1 |
| 度假休闲 | 0.0 | 239.7 | 0.8 | 3.3 | 0.0 | 243.8 |
| 博物馆 | 0.0 | 0.0 | 0.0 | 0.0 | 0.0 | 0.0 |
| 其他 | 0.0 | 0.0 | 50.1 | 0.0 | 0.0 | 50.1 |
| 合计 | 812.3 | 755.7 | 200.4 | 133.8 | 0.0 | 1902.2 |

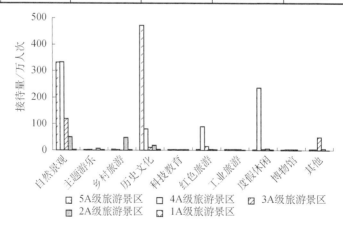

图 9-6　燕山—太行山区 A 级旅游景区游客接待量分类型等级分布图

# 第三节　收入与投资

## 一、旅游景区总收入情况

2015年，燕山—太行山区A级旅游景区旅游总收入为78.0亿元，占全国贫困地区A级景区旅游总收入的11.6%，景区平均收入为1.5亿元。

### （一）分等级收入

2015年燕山—太行山区A级旅游景区总收入以5A级旅游景区最高，共计63.8亿元，占该地区A级景区总收入的81.8%；其次是4A级旅游景区，景区总收入共计12.8亿元，占比16.4%；3A和2A级旅游景区收入相对较少，仅1.1亿元和0.3亿元，占比分别为1.3%和0.5%（图9-7）。

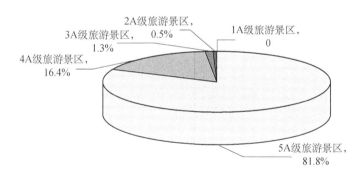

图9-7　燕山—太行山区A级旅游景区收入分等级分布图

### （二）分类型收入

从景区类型看，2015年燕山—太行山区A级旅游景区中历史文化类的收入位居榜首，达到51.3亿元，占全区A级景区总收入的65.8%；其次是自然景观类景区，景区收入为16.5亿元，占比为21.2%（图9-8）。

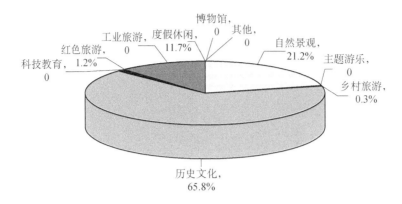

图 9-8　燕山—太行山区 A 级旅游景区收入分类型分布图

从景区类型和等级综合（表 9-6、图 9-9）来看，历史文化类景区中 5A 级旅游景区收入最多，景区收入为 50.8 亿元，4A 级旅游景区次之，为 0.4 亿元；自然景观类景区中 5A 级旅游景区收入最多，为 12.9 亿元，其次是 4A 级旅游景区，为 2.5 亿元。

表 9-6　燕山—太行山区 A 级旅游景区收入分类型等级统计表　（单位：亿元）

| 景区类型 | 5A 级旅游景区 | 4A 级旅游景区 | 3A 级旅游景区 | 2A 级旅游景区 | 1A 级旅游景区 | 合计 |
|---|---|---|---|---|---|---|
| 自然景观 | 12.9 | 2.5 | 1.0 | 0.1 | 0.0 | 16.5 |
| 主题游乐 | 0.0 | 0.0 | 0.0 | 0.0 | 0.0 | 0.0 |
| 乡村旅游 | 0.0 | 0.0 | 0.0 | 0.2 | 0.0 | 0.2 |
| 历史文化 | 50.8 | 0.4 | 0.0 | 0.1 | 0.0 | 51.3 |
| 科技教育 | 0.0 | 0.0 | 0.0 | 0.0 | 0.0 | 0.0 |
| 红色旅游 | 0.0 | 0.9 | 0.0 | 0.0 | 0.0 | 0.9 |
| 工业旅游 | 0.0 | 0.0 | 0.0 | 0.0 | 0.0 | 0.0 |
| 度假休闲 | 0.1 | 9.0 | 0.0 | 0.0 | 0.0 | 9.1 |
| 博物馆 | 0.0 | 0.0 | 0.0 | 0.0 | 0.0 | 0.0 |
| 其他 | 0.0 | 0.0 | 0.0 | 0.0 | 0.0 | 0.0 |
| 合计 | 63.8 | 12.8 | 1.0 | 0.4 | 0.0 | 78.0 |

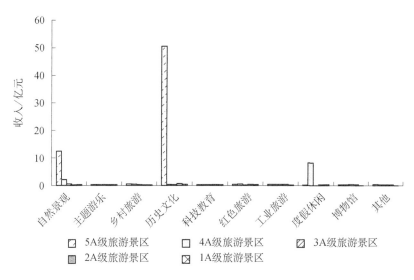

图 9-9　燕山—太行山区 A 级旅游景收入分类型等级分布图

## 二、旅游景区分项收入

2015 年，商品收入是燕山—太行山区 A 级旅游景区的重要来源，总额为 24.0 亿元，占本地区 A 级景区总收入的 30.8%；其次是餐饮和住宿收入，总额分别为 22.2 亿元和 21.6 亿元，占比分别为 28.5% 和 27.7%；演艺和其他收入相对较少，分别为 0.4 亿元和 1.4 亿元，占比分别为 0.5% 和 0.1%（图 9-10）。

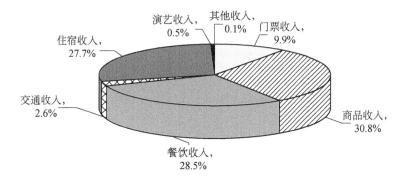

图 9-10　燕山—太行山区 A 级旅游景区收入构成分布图

## （一）分等级收入

燕山—太行山区不同等级 A 级旅游景区总收入构成中，5A 和 4A 级旅游景区总收入所占比重较大，两者共占本地区 A 级景区总收入的 98.2%。其中，5A 级旅游景区收入构成中以商品、住宿和餐饮收入为主，分别为 23.2 亿元、17.9 亿元和 16.1 亿元；4A 级旅游景区以餐饮、住宿和门票收入为主，分别是 5.7 亿元、3.4 亿元和 2.7 亿元（表 9-7、图 9-11）。

表 9-7　燕山—太行山区 A 级旅游景区收入构成分等级统计表　（单位：亿元）

| 景区类型 | 门票收入 | 商品收入 | 餐饮收入 | 交通收入 | 住宿收入 | 演艺收入 | 其他收入 | 合计 |
|---|---|---|---|---|---|---|---|---|
| 5A 级旅游景区 | 4.5 | 23.2 | 16.1 | 1.7 | 17.9 | 0.4 | 0.0 | 63.8 |
| 4A 级旅游景区 | 2.7 | 0.6 | 5.7 | 0.3 | 3.4 | 0.0 | 0.1 | 12.8 |
| 3A 级旅游景区 | 0.4 | 0.0 | 0.3 | 0.0 | 0.3 | 0.0 | 0.0 | 1.0 |
| 2A 级旅游景区 | 0.1 | 0.2 | 0.1 | 0.0 | 0.0 | 0.0 | 0.0 | 0.4 |
| 1A 级旅游景区 | 0.0 | 0.0 | 0.0 | 0.0 | 0.0 | 0.0 | 0.0 | 0.0 |
| 合计 | 7.7 | 24.0 | 22.2 | 2.0 | 21.6 | 0.4 | 0.1 | 78.0 |

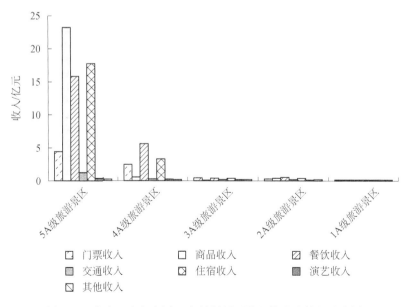

图 9-11　燕山—太行山区 A 级旅游景区收入构成分等级分布图

## （二）分类型收入

历史文化类和自然景观类景区收入比重较大，分别为51.3亿元和16.5亿元。其中，历史文化类旅游景区以商品、住宿和餐饮收入为主，分别为 20.4亿元、14.9亿元和 12.3亿元；自然景观类景区以餐饮、门票、住宿和商品收入为主，分别是 4.2亿元、3.9亿元、3.3亿元和 3.0亿元（表9-8、图9-12）。

表 9-8　燕山—太行山区 A 级旅游景区收入构成分类型统计表　（单位：亿元）

| 景区类型 | 门票收入 | 商品收入 | 餐饮收入 | 交通收入 | 住宿收入 | 演艺收入 | 其他收入 | 合计 |
|---|---|---|---|---|---|---|---|---|
| 自然景观 | 3.9 | 3.0 | 4.2 | 1.7 | 3.3 | 0.3 | 0.1 | 16.5 |
| 主题游乐 | 0.0 | 0.0 | 0.0 | 0.0 | 0.0 | 0.0 | 0.0 | 0.0 |
| 乡村旅游 | 0.0 | 0.1 | 0.1 | 0.0 | 0.0 | 0.0 | 0.0 | 0.2 |
| 历史文化 | 3.3 | 20.4 | 12.3 | 0.3 | 14.9 | 0.1 | 0.0 | 51.3 |
| 科技教育 | 0.0 | 0.0 | 0.0 | 0.0 | 0.0 | 0.0 | 0.0 | 0.0 |
| 红色旅游 | 0.2 | 0.1 | 0.4 | 0.0 | 0.2 | 0.0 | 0.0 | 0.9 |
| 工业旅游 | 0.0 | 0.0 | 0.0 | 0.0 | 0.0 | 0.0 | 0.0 | 0.0 |
| 度假休闲 | 0.3 | 0.4 | 5.2 | 0.0 | 3.2 | 0.0 | 0.0 | 9.1 |
| 博物馆 | 0.0 | 0.0 | 0.0 | 0.0 | 0.0 | 0.0 | 0.0 | 0.0 |
| 其他 | 0.0 | 0.0 | 0.0 | 0.0 | 0.0 | 0.0 | 0.0 | 0.0 |
| 合计 | 7.7 | 24.0 | 22.2 | 2.0 | 21.6 | 0.4 | 0.1 | 78.0 |

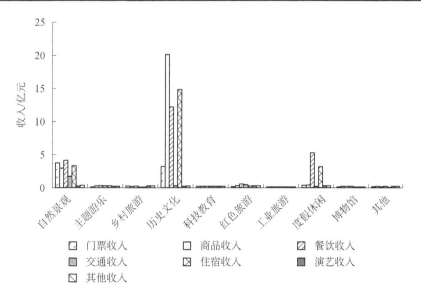

图9-12　燕山—太行山区 A 级旅游景区收入构成分类型分布图

## 三、旅游景区投资

2015 年，燕山—太行山区 A 级旅游景区总投资为 13.8 亿元，占中国贫困地区 A 级旅游景区总投资的 4.6%，景区平均投资为 2712.7 万元。其中景区内部建设投资为 9.7 亿元，外部建设投资为 4.2 亿元。

从景区等级（表 9-9）来看，2015 年 4A 级和 5A 级旅游景区建设总投资较多，分别为 4.9 亿元和 4.5 亿元，分别占燕山—太行山区所有 A 级旅游景区当年建设总投资的 35.5% 和 32.6%。从景区类型（图 9-13）来看，历史文化类和自然景观类景区的总投资比重较大，分别是 5.2 亿元和 3.8 亿元。

从景区等级和类型综合来看，历史文化类景区中 5A 级旅游景区的建设投资最多，达 2.9 亿元；自然景观化类景区中 4A 级旅游景区的建设投资较多，为 2.0 亿元。

表 9-9　燕山—太行山区 A 级旅游景区建设投资分类型等级统计表　（单位：亿元）

| 景区类型 | 5A 级旅游景区 | 4A 级旅游景区 | 3A 级旅游景区 | 2A 级旅游景区 | 1A 级旅游景区 | 合计 |
|---|---|---|---|---|---|---|
| 自然景观 | 1.6 | 2.0 | 0.2 | 0.0 | 0.0 | 3.8 |
| 主题游乐 | 0.0 | 0.0 | 0.0 | 0.0 | 0.0 | 0.0 |
| 乡村旅游 | 0.0 | 0.0 | 0.0 | 0.1 | 0.0 | 0.1 |
| 历史文化 | 2.9 | 0.3 | 1.5 | 0.5 | 0.0 | 5.2 |
| 科技教育 | 0.0 | 0.0 | 0.0 | 0.0 | 0.0 | 0.0 |
| 红色旅游 | 0.0 | 0.6 | 0.1 | 0.0 | 0.0 | 0.7 |
| 工业旅游 | 0.0 | 0.0 | 0.0 | 0.0 | 0.0 | 0.0 |
| 度假休闲 | 0.0 | 2.0 | 0.0 | 0.0 | 0.0 | 2.0 |
| 博物馆 | 0.0 | 0.0 | 0.0 | 0.0 | 0.0 | 0.0 |
| 其他 | 0.0 | 0.0 | 0.0 | 2.0 | 0.0 | 2.0 |
| 合计 | 4.5 | 4.9 | 1.8 | 2.6 | 0.0 | 13.8 |

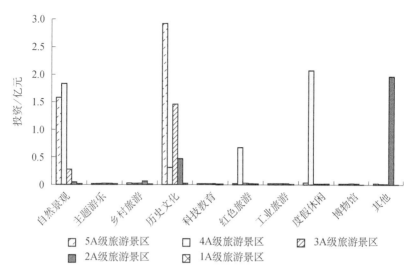

图 9-13　燕山—太行山区 A 级旅游景区建设投资类型等级分布图

# 第四节　管理与就业

## 一、经营机构

2015 年,燕山—太行山区 A 级旅游景区经营机构共 51 家,共分三种类型。其中企业类经营机构最多, 为 33 家;其次是事业单位类型经营机构 17 家;行政单位类型经营机构数量最少,为 1 家（图 9-14）。

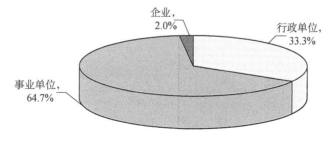

图 9-14　燕山—太行山区 A 级旅游景区经营管理机构数量分布图

## 二、就业情况

2015 年，燕山—太行山区 A 级旅游景区固定就业人数共计 6151 人，占全国贫困地区 A 级旅游景区固定就业总人数的 4.7%，景区平均就业 120.6 人；临时（季节性）就业为 13 797 人次。其中，5A 级旅游景区固定就业人数最多，为 2785 人，占燕山—太行山区 A 级旅游景区固定就业总人数的 45.3%（表 9-10）。

表 9-10 燕山—太行山区 A 级旅游景区固定用工分等级统计表

| 景区类型 | 5A 级旅游景区 | 4A 级旅游景区 | 3A 级旅游景区 | 2A 级旅游景区 | 1A 级旅游景区 | 合计 |
|---|---|---|---|---|---|---|
| 固定用工人数/人 | 2785 | 2017 | 460 | 889 | 0 | 6151 |
| 比例/% | 45.3 | 32.8 | 7.5 | 14.5 | 0.0 | 100.0 |

从景区类型(表 9-11、图 9-15)看，历史文化类景区的固定就业人数最多，为 3116 人，占本地区 A 级旅游景区固定就业总人数的 50.7%；其次是自然景观类和度假休闲类景区，固定就业人数分别为 1256 人和 881 人，分别占本地区 A 级旅游景区固定就业总人数的 20.4%和 14.3%。其中，历史文化类景区以 5A 级固定就业人数最多，为 2600 人；自然景观类景区以 4A 级固定就业人数最多，为 870 人；度假休闲类景区以 4A 级固定就业人数较多，为 868 人。

表 9-11 燕山—太行山区 A 级旅游景区固定用工分类型等级统计表 （单位：人）

| 景区类型 | 5A 级旅游景区 | 4A 级旅游景区 | 3A 级旅游景区 | 2A 级旅游景区 | 1A 级旅游景区 | 合计 |
|---|---|---|---|---|---|---|
| 自然景观 | 185 | 870 | 181 | 20 | 0 | 1256 |
| 主题游乐 | 0 | 0 | 0 | 8 | 0 | 8 |
| 乡村旅游 | 0 | 0 | 0 | 77 | 0 | 77 |
| 历史文化 | 2600 | 211 | 180 | 125 | 0 | 3116 |
| 科技教育 | 0 | 0 | 0 | 0 | 0 | 0 |
| 红色旅游 | 0 | 68 | 20 | 0 | 0 | 88 |
| 工业旅游 | 0 | 0 | 0 | 566 | 0 | 566 |
| 度假休闲 | 0 | 868 | 5 | 8 | 0 | 881 |
| 博物馆 | 0 | 0 | 0 | 0 | 0 | 0 |
| 其他 | 0 | 0 | 74 | 85 | 0 | 159 |
| 合计 | 2785 | 2017 | 460 | 889 | 0 | 6151 |

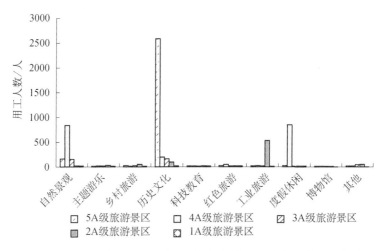

图9-15　燕山—太行山区 A 级旅游景区固定用工分类型等级分布图

## 三、导游情况

2015 年燕山—太行山区 A 级旅游景区导游总数为 667 人，占全国贫困地区 A 级旅游景区导游总数的 6.9%，景区平均导游数量为 13.1 人。其中 5A 和 4A 级旅游景区导游人数较多，分别为 410 人和 155 人，分别占燕山—太行山区 A 级旅游景区导游总量的 61.5%和 23.2%（表 9-12、图 9-16）。

表 9-12　燕山—太行山区 A 级旅游景区导游数量分等级统计表

| 景区等级 | 5A 级旅游景区 | 4A 级旅游景区 | 3A 级旅游景区 | 2A 级旅游景区 | 1A 级旅游景区 | 合计 |
|---|---|---|---|---|---|---|
| 导游人数/人 | 410 | 155 | 67 | 35 | 0 | 667 |
| 比例/% | 61.5 | 23.2 | 10.0 | 5.2 | 0.0 | 100.0 |

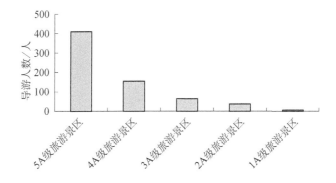

图 9-16　2015 年燕山—太行山区 A 级旅游景区人员分等级分布图

# 第十章

# 吕梁山区 A 级旅游景区发展情况

吕梁山区（表 10-1）位于华北地区东南，以横跨山西、陕西两省的吕梁山脉为核心，辐射山西、陕西两省毗邻的 20 个县，其中山西省 13 个县、陕西省 7 个县。

吕梁山区地理特殊、山川秀丽，古泗水与黄河、运河交夺其间，历史悠久，文化积淀丰厚，人文景观众多。吕梁山东南麓的临汾盆地是中国远古文明发源地之一。现吕梁山区保存有偏关、宁武关、晋祠、天龙山石窟、玄中寺、则天庙、东岳庙、乡宁千佛洞、山神峪千佛洞、于成龙纪念馆、北武当山、孟门南山寺、蛟龙壁等文物古迹，在汾阳市有汾酒、竹叶青酒等地方名产。区域境内拥有黄河壶口瀑布风景名胜区、芦芽山自然保护区白云山风景名胜区多众多高品质旅游景区。

表 10-1 吕梁山区行政区划

| 省 | 市 | 县 |
| --- | --- | --- |
| 山西（13） | 忻州市 | 静乐县、神池县、五寨县、岢岚县 |
| | 临汾市 | 吉县、大宁县、隰县、永和县、汾西县 |
| | 吕梁市 | 兴县、临县、石楼县、岚县 |
| 陕西（7） | 榆林市 | 横山县、绥德县、米脂县、佳县、吴堡县、清涧县、子洲县 |

# 第一节　数量与门票价格

2015 年，吕梁山区 A 级旅游景区共计 6 家，仅占贫困区 A 级景区总量的 0.5%，占全国 A 级景区总量的 0.1%。

## 一、等级构成

吕梁山区 A 级旅游景区等级结构构成较为简单，仅包括 4A 级和 3A 级两个等级，景区数量分别为 2 家和 4 家，分别占该区 A 级旅游景区总量的 33.3% 和 66.7%；无 5A 级、2A 级和 1A 级景区（图 10-1）。

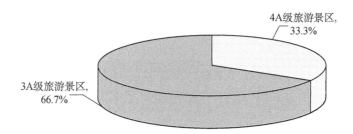

图 10-1　吕梁山区 A 级旅游景区分等级分布图

## 二、类型构成

吕梁山区 A 级旅游景区类型仅包括 4 类，其中历史文化类景区数量最多，共计 3 家，占该区 A 级景区总数的 50.0%；其次是自然景观类、度假休闲类和博物馆类景区，各 1 家，占比均为 16.7%（图 10-2）。

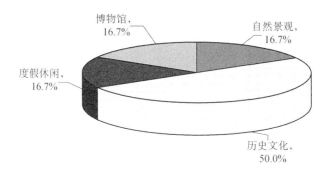

图 10-2　吕梁山区 A 级旅游景区分类型分布图

从景区等级和类型（表 10-2、图 10-3）来看，历史文化类 3 家景区中有 2
家 3A 级、1 家 4A 级景区；自然景观类景区中有 1 家 4A 级景区；度假休闲类
和博物馆类的 1 家景区都是 3A 级景区。

表 10-2　吕梁山区 A 级旅游景区数量分类型等级统计表　　　（单位：家）

| 景区类型 | 5A 级旅游景区 | 4A 级旅游景区 | 3A 级旅游景区 | 2A 级旅游景区 | 1A 级旅游景区 | 合计 |
|---|---|---|---|---|---|---|
| 自然景观 | 0 | 1 | 0 | 0 | 0 | 1 |
| 历史文化 | 0 | 1 | 2 | 0 | 0 | 3 |
| 度假休闲 | 0 | 0 | 1 | 0 | 0 | 1 |
| 博物馆 | 0 | 0 | 1 | 0 | 0 | 1 |
| 合计 | 0 | 2 | 4 | 0 | 0 | 6 |

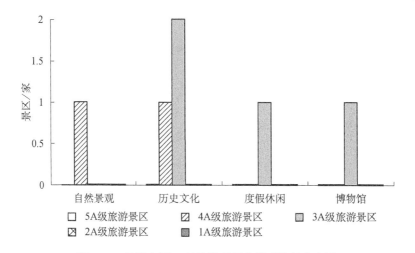

图 10-3　吕梁山区 A 级旅游景区分类型等级分布图

## 三、门票价格

2015 年，吕梁山区 6 家 A 级旅游景区的门票价格总计 238 元，平均门票价格为 39.7 元，较全国平均水平高了 8.6 元。

从景区等级（表 10-3）来看，4A 级旅游景区的平均门票价格较高，达到 68.8 元；3A 级景区的平均门票价格相对最低，为 25.0 元。

表 10-3　2015 年吕梁山区 A 级旅游景区门票价格分等级统计表

| 景区等级 | 门票价格总额/元 | 景区数量/家 | 平均门票价格/元 |
|---|---|---|---|
| 4A 级旅游景区 | 138 | 2 | 69 |
| 3A 级旅游景区 | 100 | 4 | 25.0 |
| 合计 | 238 | 6 | 39.7 |

从类型（表 10-4）来看，2015 年吕梁山区自然景观类景区的平均门票价格相对较高，为 100.0 元；历史文化类景区平均门票价格为 36 元；博物馆类景区平均门票价格为 30.0 元；度假休闲类景区的平均门票价格最低，目前为 0。

表 10-4　2015 年吕梁山区 A 级旅游景区门票价格分类型统计表

| 景区类型 | 门票价格总额/元 | 景区数量/家 | 平均门票价格/元 |
|---|---|---|---|
| 自然景观 | 100 | 1 | 100.0 |
| 历史文化 | 108 | 3 | 36 |
| 度假休闲 | 0 | 1 | 0.0 |
| 博物馆 | 30 | 1 | 30.0 |
| 合计 | 238 | 6 | 39.7 |

# 第二节　游客接待量

2015 年，吕梁山区 A 级旅游景区游客总接待量为 418.9 万人次，占全国贫困地区 A 级旅游景区接待总量的 1.0%，其中政策性免票人数为 209.7 万人次，景区平均接待量为 69.8 万人次。

## 一、分等级接待量

2015 年，吕梁山区 A 级旅游景区游客接待量中 4A 级旅游景区接待量较多，为 300.7 万人次，占比为 71.8%；3A 级旅游景区游客接待量为 118.2 万人次，占比为 28.2%（图 10-4）。

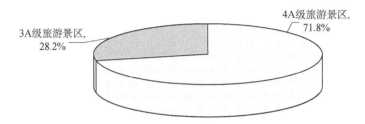

图 10-4　吕梁山区 A 级旅游景区游客接待量分等级分布图

## 二、分类型接待量

2015 年，吕梁山区不同类型 A 级旅游景区中历史文化类景区游客接待量最多，为 263.0 万人次，占吕梁山区 A 级旅游景区接待总量的 62.8%；其次是自然景观类景区，游客接待量为 140.1 万人，占比为 33.4%；度假休闲类景区游客量较少，为 10.8 万人次，占比为 2.6%；博物馆类景区游客接待量最少，仅为 5.0 万元，占比仅为 1.2%（图 10-5）。

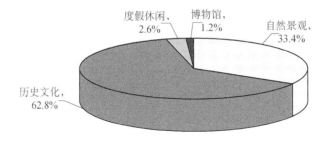

图 10-5　吕梁山区 A 级旅游景区分类型游客接待量分类型分布图

从景区类型和等级综合来看，历史文化类景区中 4A 级景区的接待量最多，为 160.6 万人次；其次是 3A 级旅游景区，接待量为 102.4 万人次（表 10-5、图 10-6）。

**表 10-5　吕梁山区 A 级旅游景区游客接待量分类型等级统计表**（单位：万人次）

| 景区类型 | 5A 级旅游景区 | 4A 级旅游景区 | 3A 级旅游景区 | 2A 级旅游景区 | 1A 级旅游景区 | 合计 |
|---|---|---|---|---|---|---|
| 自然景观 | 0.0 | 140.1 | 0.0 | 0.0 | 0.0 | 140.1 |
| 历史文化 | 0.0 | 160.6 | 102.4 | 0.0 | 0.0 | 263.0 |
| 度假休闲 | 0.0 | 0.0 | 10.8 | 0.0 | 0.0 | 10.8 |
| 博物馆 | 0.0 | 0.0 | 5.0 | 0.0 | 0.0 | 5.0 |
| 合计 | 0.0 | 300.7 | 118.2 | 0.0 | 0.0 | 418.9 |

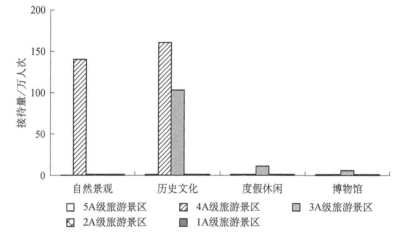

图 10-6　吕梁山区 A 级旅游景区游客接待量分类型等级分布图

# 第三节　收入与投资

## 一、旅游景区总收入情况

2015 年，吕梁山区 A 级旅游景区旅游总收入为 2.6 亿元，占全国贫困地区 A 级景区旅游总收入的 0.4%，景区平均收入为 4394.9 万元。

## （一）分等级收入

2015 年吕梁山区 A 级旅游景区总收入以 4A 级旅游景区最高，共计 2.0 亿元，占该地区 A 级景区总收入的 76.9%；其次是 3A 级旅游景区，景区总收入共计 0.6 亿元，占比为 23.1%（图 10-7）。

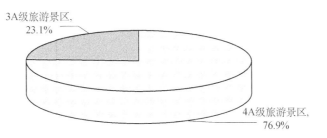

图 10-7　吕梁山区 A 级旅游景区收入分等级分布图

## （二）分类型收入

从景区类型（图 10-8）看，2015 年吕梁山区 A 级旅游景区中历史文化类景区的收入位居榜首，达到 2.2 亿元，占全区 A 级景区总收入的 84.2%；其次是自然景观类景区，景区收入为 0.4 亿元，占比 15.4%；博物馆类和度假休闲类景区的收入较少，分别为 92.4 万元和 25.5 万元，占比分别为 0.4% 和 0.1%。

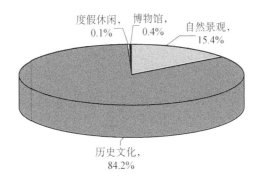

图 10-8　吕梁山区 A 级旅游景区收入分类型分布图

从景区类型和等级（表 10-6、图 10-9）综合来看，历史文化类景区中 4A 级旅游景区收入最多，景区收入为 1.6 亿元，3A 级旅游景区次之，为 0.6 亿元。

**表 10-6 吕梁山区 A 级旅游景区收入分类型等级统计表** （单位：亿元）

| 景区类型 | 5A 级旅游景区 | 4A 级旅游景区 | 3A 级旅游景区 | 2A 级旅游景区 | 1A 级旅游景区 | 合计 |
|---|---|---|---|---|---|---|
| 自然景观 | 0.0 | 0.4 | 0.0 | 0.0 | 0.0 | 0.4 |
| 历史文化 | 0.0 | 1.6 | 0.6 | 0.0 | 0.0 | 2.2 |
| 度假休闲 | 0.0 | 0.0 | 0.0 | 0.0 | 0.0 | 0.0 |
| 博物馆 | 0.0 | 0.0 | 0.0 | 0.0 | 0.0 | 0.0 |
| 合计 | 0.0 | 2.0 | 0.6 | 0.0 | 0.0 | 2.6 |

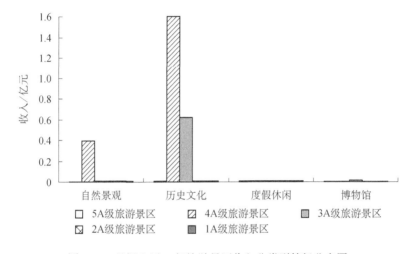

图 10-9 吕梁山区 A 级旅游景区收入分类型等级分布图

## 二、旅游景区分项收入

2015 年，商品收入是吕梁山区 A 级旅游景区的重要来源，总额为 1.5 亿元，占本地区 A 级景区总收入的 55.7%；其次是餐饮和门票收入，总额分别为 0.5 亿元和 0.4 亿元，占比分别为 19.2% 和 15.4%；住宿、其他和交通收入相对较少，分别为 1359.0 万元、951.5 万元和 197.7 万元，占比分别为占 5.2%、3.7% 和 0.8%；演艺收入最少，为 68.7 万元，占比仅为 0.3%（图 10-10）。

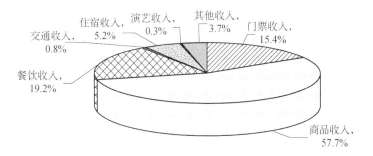

图 10-10　吕梁山区 A 级旅游景区收入构成占比图

## （一）分等级收入

吕梁山区两个等级 A 级旅游景区总收入构成中，4A 级旅游景区总收入所占比重较大，占本地区 A 级景区总收入的 76.9%。4A 级旅游景区收入构成中以商品、门票和餐饮收入为主，分别为 1.2 亿元、0.4 亿元和 0.4 亿元。其次是 3A 级旅游景区，主要以商品、餐饮、住宿和其他收入为主，分别是 0.3 亿元、0.1 亿元、0.1 亿元和 0.1 亿元（表 10-7、图 10-11）。

表 10-7　吕梁山区 A 级旅游景区收入构成分等级统计表　（单位：亿元）

| 景区类型 | 门票收入 | 商品收入 | 餐饮收入 | 交通收入 | 住宿收入 | 演艺收入 | 其他收入 | 合计 |
|---|---|---|---|---|---|---|---|---|
| 4A 级旅游景区 | 0.4 | 1.2 | 0.4 | 0.0 | 0.0 | 0.0 | 0.0 | 2.0 |
| 3A 级旅游景区 | 0.0 | 0.3 | 0.1 | 0.0 | 0.1 | 0.0 | 0.1 | 0.6 |
| 合计 | 0.4 | 1.5 | 0.5 | 0.0 | 0.1 | 0.0 | 0.1 | 2.6 |

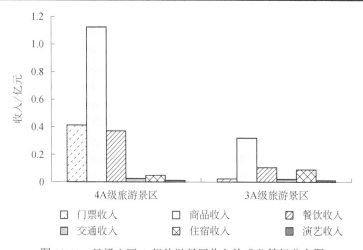

图 10-11　吕梁山区 A 级旅游景区收入构成分等级分布图

## （二）分类型收入

历史文化类景区收入最高，为 2.2 亿元，主要以商品和餐饮收入为主，分别为 1.4 亿元和 0.5 亿元。其次是自然景观类景区，主要以门票收入为主，收入为 0.3 亿元（表 10-8、图 10-12）。

表 10-8　**吕梁山区 A 级旅游景区收入构成分类型统计表**　（单位：亿元）

| 景区类型 | 门票收入 | 商品收入 | 餐饮收入 | 交通收入 | 住宿收入 | 演艺收入 | 其他收入 | 合计 |
|---|---|---|---|---|---|---|---|---|
| 自然景观 | 0.3 | 0.1 | 0.0 | 0.0 | 0.0 | 0.0 | 0.0 | 0.4 |
| 历史文化 | 0.1 | 1.4 | 0.5 | 0.0 | 0.1 | 0.0 | 0.1 | 2.2 |
| 度假休闲 | 0.0 | 0.0 | 0.0 | 0.0 | 0.0 | 0.0 | 0.0 | 0.0 |
| 博物馆 | 0.0 | 0.0 | 0.0 | 0.0 | 0.0 | 0.0 | 0.0 | 0.0 |
| 合计 | 0.4 | 1.5 | 0.5 | 0.0 | 0.1 | 0.0 | 0.1 | 2.6 |

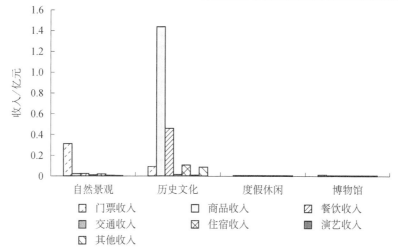

图 10-12　吕梁山区 A 级旅游景区收入构成分类型分布图

## 三、游景区投资

2015 年，吕梁山区 A 级旅游景区总投资为 0.5 亿元，占中国贫困地区 A 级旅游景区总投资的 0.2%，景区平均投资为 786.3 万元。其中景区内部建设投资为 0.3 亿元，景区外部建设投资为 0.2 亿元（表 10-9）。

从景区等级来看，2015 年 3A 级旅游景区建设总投资最多，为 0.4 亿元，占吕梁山区所有 A 级旅游景区当年建设总投资的 80.0%。从景区类型（图

10-13）来看，历史文化类景区的总投资较多，为 0.3 亿元。

从景区等级和类型综合来看，历史文化类景区中 3A 级旅游景区的建设投资最多，达 0.3 亿元，4A 级景区为 320.0 万元。

**表 10-9　吕梁山区 A 级旅游景区建设投资分类型等级统计表**　（单位：亿元）

| 景区类型 | 4A 级旅游景区 | 3A 级旅游景区 | 合计 |
|---|---|---|---|
| 自然景观 | 0.1 | 0.0 | 0.1 |
| 历史文化 | 0.0 | 0.3 | 0.3 |
| 度假休闲 | 0.0 | 0.1 | 0.1 |
| 博物馆 | 0.0 | 0.0 | 0.0 |
| 合计 | 0.1 | 0.4 | 0.5 |

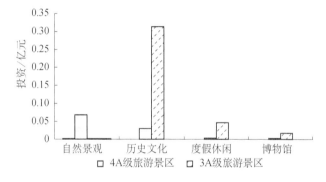

图 10-13　吕梁山区 A 级旅游景区建设投资分类型等级分布图

## 第四节　管理与就业

## 一、经营机构

2015 年，吕梁山区 A 级旅游景区经营机构共 6 家，共分两种类型。其中事业单位类型经营机构最多，为 4 家；其次是企业类经营机构 2 家（图 10-14）。

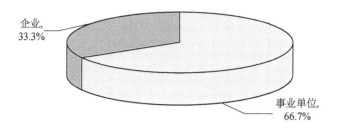

图 10-14　吕梁山区 A 级旅游景区经营管理机构数量分布图

## 二、就业情况

2015 年，吕梁山区 A 级旅游景区固定就业人数共计 502 人，占全国贫困地区 A 级旅游景区固定就业总人数的 0.4%，景区平均就业 83.7 人；临时（季节性）就业为 957 人次。其中，4A 级旅游景区固定就业人数最多，为 372 人，占吕梁山区 A 级旅游景区固定就业总人数的 74.1%；3A 级旅游景区固定就业人数为 130 人，占吕梁山区 A 级旅游景区固定就业总人数的 25.9%（表 10-10）。

表 10-10　吕梁山区 A 级旅游景区固定用工分等级统计表

| 景区等级 | 4A 级旅游景区 | 3A 级旅游景区 | 合计 |
|---|---|---|---|
| 固定用工人数/人 | 372 | 130 | 502 |
| 比例/% | 74.1 | 25.9 | 100.0 |

从景区类型看，历史文化类景区的固定就业人数最多，为 356 人，占本地区 A 级旅游景区固定就业总人数的 70.9%；其次是自然景观类景区，固定就业人数为 104 人,占本地区 A 级旅游景区固定就业总人数的 20.7%。其中，历史文化类景区以 4A 级固定就业人数较多，为 268 人（表 10-11、图 10-15）。

**表 10-11 吕梁山区 A 级旅游景区固定用工分类型等级统计表** （单位：人）

| 景区类型 | 5A 级旅游景区 | 4A 级旅游景区 | 3A 级旅游景区 | 2A 级旅游景区 | 1A 级旅游景区 | 合计 |
|---|---|---|---|---|---|---|
| 自然景观 | 0 | 104 | 0 | 0 | 0 | 104 |
| 历史文化 | 0 | 268 | 88 | 0 | 0 | 356 |
| 度假休闲 | 0 | 0 | 15 | 0 | 0 | 15 |
| 博物馆 | 0 | 0 | 27 | 0 | 0 | 27 |
| 合计 | 0 | 372 | 130 | 0 | 0 | 502 |

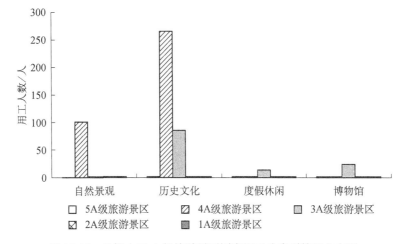

图 10-15　吕梁山区 A 级旅游景区固定用工分类型等级分布图

# 三、导游情况

2015 年吕梁山区 A 级旅游景区导游总数为 57 人，占全国贫困地区 A 级旅游景区导游总数的 0.6%，景区平均导游数量为 9.5 人。其中 4A 级旅游景区导游人数较多，为 28 人，占吕梁山区 A 级旅游景区导游总量的 49.1%；其次是 3A 级旅游景区导游人数，为 29 人，占吕梁山区 A 级旅游景区导游总量的 50.9%（表 10-12、图 10-16）。

**表 10-12 吕梁山区 A 级旅游景区导游数量分等级统计表**

| 景区等级 | 4A 级旅游景区 | 3A 级旅游景区 | 合计 |
|---|---|---|---|
| 导游人数/人 | 28 | 29 | 57 |
| 比例/% | 49.1 | 50.9 | 100.0 |

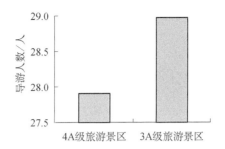

图 10-16　2015 年吕梁山区 A 级旅游景区导游人员分等级分布图

# 第十一章

# 大别山区 A 级旅游景区发展情况

大别山区（表 11-1）地处中南地区北部和华东地区中部的交界处，以横跨湖北、河南、安徽三省的大别山为核心，辐射安徽、河南和湖北三省毗邻的 36 个县（市），其中安徽省 12 个县、河南省 16 个县和湖北省 8 个县（市）。

大别山区由于拥有自然环境优异、人文资源丰裕、红色资源密布等优势，旅游产业起步也相对较早，旅游产业也粗具规模，具体表现在各级党委、政府对旅游产业体系建设的重视程度明显提高，发展环境日益优化，发展氛围更加浓厚。"吃、住、行、游、购、娱"六大旅游产业要素不断完善，产业链条有序延伸，旅游产业体系建设逐步成型。该区基本形成了大别山红色旅游、绿色生态、古色文化旅游三大雏形产品，拥有安徽天堂寨景区、天柱山风景名胜区和八里河风景区 3 个国家 5A 级景区。

表 11-1　大别山区行政区划

| 省 | 市 | 县（市） |
|---|---|---|
| 安徽（12） | 安庆市 | 潜山县、太湖县、宿松县、望江县、岳西县 |
| | 阜阳市 | 临泉县、阜南县、颍上县 |
| | 六安市 | 寿县、霍邱县、金寨县 |
| | 亳州市 | 利辛县 |

续表

| 省 | 市 | 县（市） |
|---|---|---|
| 河南（16） | 信阳市 | 光山县、新县、固始县、淮滨县、商城县、潢川县 |
| | 驻马店市 | 新蔡县 |
| | 开封市 | 兰考县 |
| | 商丘市 | 民权县、宁陵县、柘城县 |
| | 周口市 | 商水县、沈丘县、郸城县、淮阳县、太康县 |
| 湖北（8） | 孝感市 | 孝昌县、大悟县 |
| | 黄冈市 | 团风县、红安县、罗田县、英山县、蕲春县、麻城市 |

# 第一节　数量与门票价格

2015 年，大别山区 A 级旅游景区共计 129 家，占贫困区 A 级景区总量的 11.8%，占全国 A 级景区总量的 1.6%。

## 一、等级构成

大别山区 5A 级旅游景区 3 家，占该区 A 级旅游景区总量的 2.3% ；4A 级旅游景区 33 家，占比 25.6%；3A 级旅游景区 51 家，占比 39.5%；2A 级旅游景区 42 家，占比 32.6%；无 1A 级旅游景区（图 11-1）。

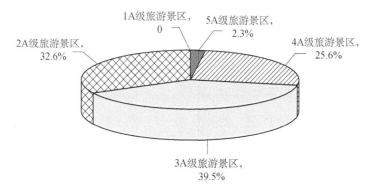

图 11-1　大别山区 A 级旅游景区分等级分布图

## 二、类型构成

大别山区 A 级旅游景区以自然景观类数量最多，共计 39 家，占该区 A 级景区总数的 30.2%；其次是红色旅游类景区，共计 23 家，占比 17.8%；紧随其后的是历史文化类景区，为 21 家，占比 16.3%；工业旅游类景区数量最少，仅为 1 家，占比仅为 0.8%。无科技教育类景区（图 11-2）。

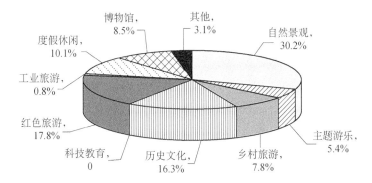

图 11-2　大别山区 A 级旅游景区分类型分布图

从景区等级（表 11-2、图 11-3）和类型来看，自然景观类中 4A 级旅游景区数量最多，共计 15 家，其次是 2A 级旅游景区，共计 11 家；红色旅游类中也是 3A 级旅游景区数量最多，共计 11 家，其次是 2A 级旅游景区，共计 7 家。

表 11-2　大别山区 A 级旅游景区分类型等级统计表　（单位：家）

| 景区类型 | 5A 级旅游景区 | 4A 级旅游景区 | 3A 级旅游景区 | 2A 级旅游景区 | 1A 级旅游景区 | 合计 |
|---|---|---|---|---|---|---|
| 自然景观 | 3 | 15 | 10 | 11 | 0 | 39 |
| 主题游乐 | 0 | 1 | 2 | 4 | 0 | 7 |
| 乡村旅游 | 0 | 2 | 5 | 3 | 0 | 10 |
| 历史文化 | 0 | 4 | 11 | 6 | 0 | 21 |
| 科技教育 | 0 | 0 | 0 | 0 | 0 | 0 |
| 红色旅游 | 0 | 5 | 11 | 7 | 0 | 23 |
| 工业旅游 | 0 | 0 | 1 | 0 | 0 | 1 |
| 度假休闲 | 0 | 3 | 7 | 3 | 0 | 13 |
| 博物馆 | 0 | 2 | 4 | 5 | 0 | 11 |
| 其他 | 0 | 1 | 0 | 3 | 0 | 4 |
| 合计 | 3 | 33 | 51 | 42 | 0 | 129 |

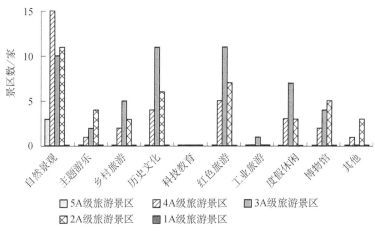

图 11-3　大别山区 A 级旅游景区分类型等级分布图

## 三、门票价格

2015 年，大别山区 129 家 A 级旅游景区的门票价格总计 3688 元，平均门票价格为 28.6 元，较全国平均水平低了 2.4 元。

从景区等级来看，5A 级旅游景区的平均门票价格最高，达到 105.0 元；其次是 4A 和 3A 级景区，平均门票价格分别为 52.2 元和 20.1 元；2A 级景区的平均门票价格相对最低，为 14.8 元（表 11-3）。

表 11-3　2015 年大别山区 A 级旅游景区门票价格分等级统计表

| 景区等级 | 门票价格总额/元 | 景区数量/家 | 平均门票价格/元 |
| --- | --- | --- | --- |
| 5A 级旅游景区 | 315 | 3 | 105.0 |
| 4A 级旅游景区 | 1723 | 33 | 52.2 |
| 3A 级旅游景区 | 1027 | 51 | 20.1 |
| 2A 级旅游景区 | 623 | 42 | 14.8 |
| 1A 级旅游景区 | 0 | 0 | 0.0 |
| 合计 | 3688 | 129 | 28.6 |

从类型（表 11-4）来看，2015 年，大别山区度假休闲类和自然景观类景区的平均门票价格相对较高，分别为 52.6 元和 51.8 元；其次是主题游乐类、乡村旅游类和历史文化类三类景区，平均门票价格分别为 40.4 元、22.0 元和

19.4 元；其他类、博物馆类、红色旅游类三种类型景区的平均门票价格相对
较低，分别为 8.8 元、1.2 元和 1.1 元；工业旅游类景区的平均门票价格最低，
目前为 0。

表 11-4　2015 年大别山区 A 级旅游景区门票价格分类型统计表

| 景区类型 | 门票价格总额/元 | 景区数量/家 | 平均门票价格/元 |
| --- | --- | --- | --- |
| 自然景观 | 2021 | 39 | 51.8 |
| 主题游乐 | 283 | 7 | 40.4 |
| 乡村旅游 | 220 | 10 | 22.0 |
| 历史文化 | 407 | 21 | 19.4 |
| 科技教育 | 0 | 0 | 0.0 |
| 红色旅游 | 25 | 23 | 1.1 |
| 工业旅游 | 0 | 1 | 0.0 |
| 度假休闲 | 684 | 13 | 52.6 |
| 博物馆 | 13 | 11 | 1.2 |
| 其他 | 35 | 4 | 8.8 |
| 合计 | 3688 | 129 | 28.6 |

# 第二节　游客接待量

2015 年，大别山区 A 级旅游景区游客总接待量为 5294.6 万人次，占全国
贫困地区 A 级旅游景区接待总量的 13.3%，其中政策性免票人数为 2439.4 万
人次，景区平均接待量为 41.0 万人次。

## 一、分等级接待量

2015 年，大别山区 A 级旅游景区游客接待量以 4A 级旅游景区最多，共
计 2403.5 万人次，占大别山区 A 级旅游景区游客接待总量的 45.4%；其次是
3A 级旅游景区，游客接待量分别为 1473.2 万人次，占比为 27.8%；2A 和 5A

级旅游景区游客接待量相对较少，接待人数分别为 747.1 万人次和 670.7 万人次，占比分别为 14.1%和 12.7%（图 11-4）。

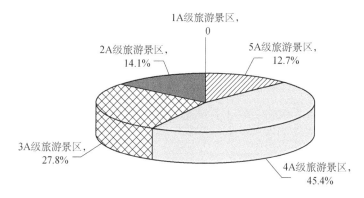

图 11-4　大别山区 A 级旅游景区游客接待量分等级分布图

## 二、分类型接待量

2015 年，大别山区不同类型 A 级旅游景区游客接待量差异较大，其中自然景观类景区游客接待量最多，为 2031.5 万人次，占大别山区 A 级旅游景区接待总量的 38.4%；其次是红色旅游类、历史文化类、度假休闲类和乡村旅游类景区，游客接待量分别为 840.8 万人次、669.3 万人次、577.9 万人次和 485.5 万人次，占比分别为 15.9%、12.6%、10.9%和 9.2%；工业旅游类景区游客接待量最少，仅为 1.6 万人次，占比不足 0.1%（图 11-5）。

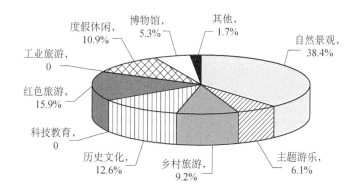

图 11-5　大别山区 A 级旅游景区游客接待量分类型分布图

从景区类型和等级（表 11-5、图 11-6）综合来看，自然景观类以 4A 级旅游景区的游客接待量最多，共计 882.9 万人次，其次是 5A 级旅游景区，游客接待量共计 670.7 万人次；红色旅游类中也是 4A 级旅游景区游客接待量最多，共计 506.0 万人次，其次是 3A 级旅游景区，游客接待量共计 278.5 万人次。

表 11-5　大别山区 A 级旅游景区游客接待量分类型等级统计表　（单位：万人次）

| 景区类型 | 5A 级旅游景区 | 4A 级旅游景区 | 3A 级旅游景区 | 2A 级旅游景区 | 1A 级旅游景区 | 合计 |
|---|---|---|---|---|---|---|
| 自然景观 | 670.7 | 882.9 | 312.0 | 165.9 | 0.0 | 2031.5 |
| 主题游乐 | 0.0 | 62.1 | 44.0 | 214.7 | 0.0 | 320.8 |
| 乡村旅游 | 0.0 | 250.9 | 93.2 | 141.4 | 0.0 | 485.5 |
| 历史文化 | 0.0 | 392.0 | 177.4 | 99.9 | 0.0 | 669.3 |
| 科技教育 | 0.0 | 0.0 | 0.0 | 0.0 | 0.0 | 0.0 |
| 红色旅游 | 0.0 | 506.0 | 278.5 | 56.3 | 0.0 | 840.8 |
| 工业旅游 | 0.0 | 0.0 | 1.6 | 0.0 | 0.0 | 1.6 |
| 度假休闲 | 0.0 | 73.1 | 499.5 | 5.3 | 0.0 | 577.9 |
| 博物馆 | 0.0 | 154.5 | 67.1 | 57.5 | 0.0 | 279.1 |
| 其他 | 0.0 | 82.0 | 0.0 | 6.2 | 0.0 | 88.4 |
| 合计 | 670.7 | 2403.5 | 1473.3 | 747.1 | 0.0 | 5294.6 |

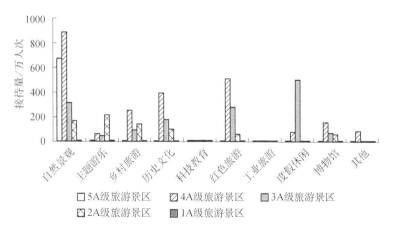

图 11-6　大别山区 A 级旅游景区游客接待量分类型等级分布图

# 第三节　收入与投资

## 一、旅游景区总收入情况

2015 年，大别山区 A 级旅游景区旅游总收入为 56.4 亿元，占全国贫困地区 A 级景区旅游总收入的 8.4%，景区平均收入为 4373.3 万元。

### （一）分等级收入

2015 年大别山区 A 级旅游景区总收入以 4A 级旅游景区最高，共计 31.8 亿元，占该地区 A 级景区总收入的 56.4%；其次是 5A 级和和 3A 级旅游景区，景区总收入分别共计 12.0 亿元和 10.3 亿元，占比分别为 21.3% 和 18.3%； 2A 级旅游景区收入相对较少，仅为 2.3 亿元，占比仅为 4.1%（图 11-7）。

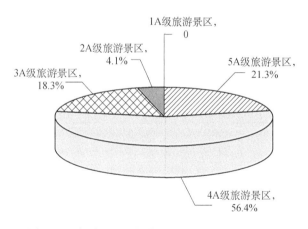

图 11-7　大别山区 A 级旅游景区收入分等级分布图

### （二）分类型收入

从景区类型看，2015 年大别山区 A 级旅游景区中自然景观类的收入位居榜首，达到 29.3 亿元，占全区 A 级景区总收入的 52.0%；其次是红色旅游类和度假休闲类景区，景区收入分别为 7.7 亿元和 7.5 亿元，占比分别为 13.7% 和 13.3%；

工业旅游类景区的收入最少，仅 121.0 万元，占比不足 0.1%（图 11-8）。

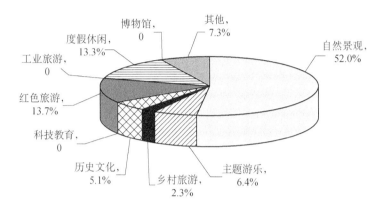

图 11-8　大别山区 A 级旅游景区收入分类型分布图

从景区类型和等级（表 11-6、图 11-9）综合来看，自然景观类景区中 4A 级旅游景区收入最多，景区收入为 14.7 亿元，5A 级旅游景区次之，为 12.0 亿元。红色旅游类景区中 4A 级旅游景区收入最多，为 7.1 亿元，其次是 3A 级旅游景区，为 0.4 亿元；度假休闲类景区中 3A 级旅游景区收入最多，为 7.0 亿元，其次是 4A 级旅游景区，为 0.4 亿元。

表 11-6　大别山区 A 级旅游景区收入分类型等级统计表　（单位：亿元）

| 景区类型 | 5A 级旅游景区 | 4A 级旅游景区 | 3A 级旅游景区 | 2A 级旅游景区 | 1A 级旅游景区 | 合计 |
|---|---|---|---|---|---|---|
| 自然景观 | 12.0 | 14.7 | 1.7 | 0.9 | 0.0 | 29.3 |
| 主题游乐 | 0.0 | 3.1 | 0.4 | 0.1 | 0.0 | 3.6 |
| 乡村旅游 | 0.0 | 0.5 | 0.3 | 0.5 | 0.0 | 1.3 |
| 历史文化 | 0.0 | 1.9 | 0.5 | 0.5 | 0.0 | 2.9 |
| 科技教育 | 0.0 | 0.0 | 0.0 | 0.0 | 0.0 | 0.0 |
| 红色旅游 | 0.0 | 7.1 | 0.4 | 0.2 | 0.0 | 7.7 |
| 工业旅游 | 0.0 | 0.0 | 0.0 | 0.0 | 0.0 | 0.0 |
| 度假休闲 | 0.0 | 0.4 | 7.0 | 0.1 | 0.0 | 7.5 |
| 博物馆 | 0.0 | 0.0 | 0.0 | 0.0 | 0.0 | 0.0 |
| 其他 | 0.0 | 4.1 | 0.0 | 0.0 | 0.0 | 4.1 |
| 合计 | 12.0 | 31.8 | 10.3 | 2.3 | 0.0 | 56.4 |

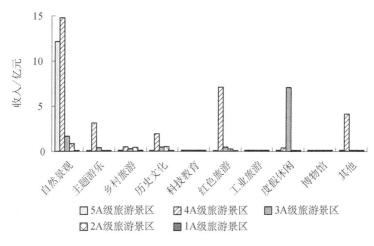

图 11-9　大别山区 A 级旅游景区收入分类型等级分布图

## 二、旅游景区分项收入

2015 年，住宿收入和餐饮收入是大别山区 A 级旅游景区的重要来源，总额分别为 14.6 亿元和 13.5 亿元，分别占本地区 A 级景区总收入的 25.9% 和 23.9%；其次是交通、商品和门票收入，总额分别为 11.4 亿元、8.5 亿元和 7.6 亿元，占比分别为 20.2%、15.1% 和 13.5%；其他和演艺收入相对较少，分别为 0.6 亿元和 0.3 亿元，占比分别为 1.1% 和 0.4%（图 11-10）。

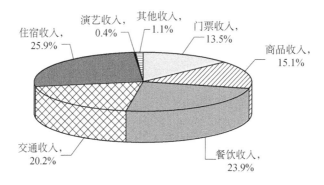

图 11-10　大别山区 A 级旅游景区收入构成分布图

## （一）分等级收入

大别山区不同等级 A 级旅游景区总收入构成中，4A 和 5A 级旅游景区总收入所占比重较大，两者共占本地区 A 级景区总收入的 77.8%。其中，4A 级旅游景区收入构成中以餐饮、住宿、商品和门票收入为主，分别为 10.1 亿元、10.3 亿元、4.9 亿元和 3.5 亿元。5A 级旅游景区以交通、门票和住宿收入为主，分别是 8.3 亿元、2.2 亿元和 1.0 亿元（表 11-7、图 11-11）。

表 11-7　大别山区 A 级旅游景区收入构成分等级统计表　（单位：亿元）

| 景区类型 | 门票收入 | 商品收入 | 餐饮收入 | 交通收入 | 住宿收入 | 演艺收入 | 其他收入 | 合计 |
|---|---|---|---|---|---|---|---|---|
| 5A 级旅游景区 | 2.2 | 0.2 | 0.3 | 8.3 | 1.0 | 0.0 | 0.0 | 12.0 |
| 4A 级旅游景区 | 3.5 | 4.9 | 10.1 | 2.7 | 10.3 | 0.2 | 0.2 | 31.9 |
| 3A 级旅游景区 | 1.8 | 2.4 | 2.5 | 0.3 | 3.0 | 0.0 | 0.3 | 10.3 |
| 2A 级旅游景区 | 0.1 | 1.0 | 0.6 | 0.1 | 0.3 | 0.0 | 0.1 | 2.2 |
| 1A 级旅游景区 | 0.0 | 0.0 | 0.0 | 0.0 | 0.0 | 0.0 | 0.0 | 0.0 |
| 合计 | 7.6 | 8.5 | 13.5 | 11.4 | 14.6 | 0.2 | 0.6 | 56.4 |

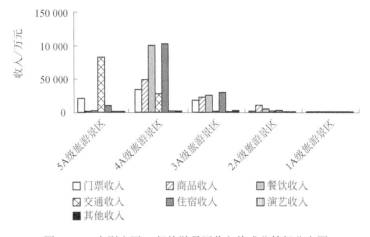

图 11-11　大别山区 A 级旅游景区收入构成分等级分布图

## （二）分类型收入

自然景观类、红色旅游类和度假休闲类景区收入较高，分别为 29.3 亿元、7.7 亿元和 7.5 亿元。其中，自然景观类旅游景区以交通、住宿和餐饮收入为主，分别为 10.1 亿元、6.7 亿元和 5.7 亿元；红色旅游类景区以餐饮、商品和住宿收入为主，分别是 2.4 亿元、2.1 亿元和 1.8 亿元；度假休闲类景区以住宿、商品、门票和餐饮收入为主，分别是 2.5 亿元、1.6 亿元、1.6 亿元和 1.6 亿元（表 11-8、图 11-2）。

**表 11-8　大别山区 A 级旅游景区收入构成分类型统计表**　（单位：亿元）

| 景区类型 | 门票收入 | 商品收入 | 餐饮收入 | 交通收入 | 住宿收入 | 演艺收入 | 其他收入 | 合计 |
|---|---|---|---|---|---|---|---|---|
| 自然景观 | 4.4 | 2.1 | 5.7 | 10.1 | 6.7 | 0.0 | 0.3 | 29.3 |
| 主题游乐 | 0.2 | 0.1 | 1.8 | 0.0 | 1.5 | 0.0 | 0.0 | 3.6 |
| 乡村旅游 | 0.4 | 0.6 | 0.3 | 0.0 | 0.0 | 0.0 | 0.0 | 1.3 |
| 历史文化 | 0.9 | 0.8 | 0.6 | 0.2 | 0.3 | 0.0 | 0.1 | 2.9 |
| 科技教育 | 0.0 | 0.0 | 0.0 | 0.0 | 0.0 | 0.0 | 0.0 | 0.0 |
| 红色旅游 | 0.1 | 2.1 | 2.4 | 0.9 | 1.8 | 0.3 | 0.1 | 7.7 |
| 工业旅游 | 0.0 | 0.0 | 0.0 | 0.0 | 0.0 | 0.0 | 0.0 | 0.0 |
| 度假休闲 | 1.6 | 1.6 | 1.6 | 0.1 | 2.5 | 0.0 | 0.1 | 7.5 |
| 博物馆 | 0.0 | 0.0 | 0.0 | 0.0 | 0.0 | 0.0 | 0.0 | 0.0 |
| 其他 | 0.0 | 1.2 | 1.1 | 0.1 | 1.7 | 0.0 | 0.0 | 4.1 |
| 合计 | 7.6 | 8.5 | 13.5 | 11.4 | 14.5 | 0.3 | 0.6 | 56.4 |

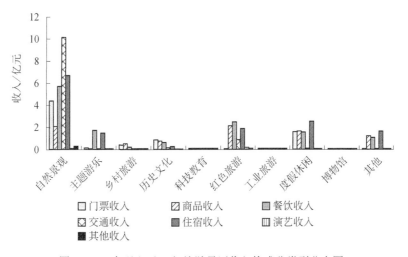

图 11-12　大别山区 A 级旅游景区收入构成分类型分布图

# 三、旅游景区投资

2015 年大别山区 A 级旅游景区总投资为 20.9 亿元，占中国贫困地区 A 级旅游景区总投资的 7.0%，景区平均投资为 1632.7 万元。其中，景区内部建设投资为 17.1 亿元，外部建设投资为 3.8 亿元。

从景区等级来看，2015 年 4A 级旅游景区建设总投资最多，为 12.9 亿元，占大别山区所有 A 级旅游景区当年建设总投资的 61.7%。从景区类型来看，自然景观类和其他类景区的总投资较多，分别是 6.8 亿元和 5.1 亿元。

从景区等级和类型综合来看，自然景观类景区中 4A 级旅游景区的建设投资最多，达 4.4 亿元；其他类景区中也是 4A 级旅游景区的建设投资较多，为 4.6 亿元（表 11-9、图 11-13）。

**表 11-9　大别山区 A 级旅游景区建设投资分类型等级统计表**　（单位：亿元）

| 景区类型 | 5A 级旅游景区 | 4A 级旅游景区 | 3A 级旅游景区 | 2A 级旅游景区 | 1A 级旅游景区 | 合计 |
|---|---|---|---|---|---|---|
| 自然景观 | 1.7 | 4.4 | 0.5 | 0.2 | 0.0 | 6.8 |
| 主题游乐 | 0.0 | 0.0 | 0.1 | 0.4 | 0.0 | 0.5 |
| 乡村旅游 | 0.0 | 0.5 | 0.1 | 0.1 | 0.0 | 0.7 |
| 历史文化 | 0.0 | 2.6 | 1.0 | 0.1 | 0.0 | 3.7 |
| 科技教育 | 0.0 | 0.0 | 0.0 | 0.0 | 0.0 | 0.0 |
| 红色旅游 | 0.0 | 0.1 | 1.1 | 0.1 | 0.0 | 1.3 |
| 工业旅游 | 0.0 | 0.0 | 0.0 | 0.0 | 0.0 | 0.0 |
| 度假休闲 | 0.0 | 0.5 | 1.8 | 0.2 | 0.0 | 2.5 |
| 博物馆 | 0.0 | 0.2 | 0.0 | 0.1 | 0.0 | 0.3 |
| 其他 | 0.0 | 4.6 | 0.0 | 0.5 | 0.0 | 5.1 |
| 合计 | 1.7 | 12.9 | 4.6 | 1.7 | 0.0 | 20.9 |

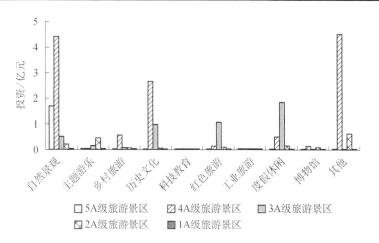

图 11-13　大别山区 A 级旅游景区建设投资分类型等级分布图

# 第四节 管理与就业

## 一、经营机构

2015 年，大别山区 A 级旅游景区经营机构共 129 家，共分两种类型。其中企业类经营机构最多，为 93 家；其次是事业单位类型经营机构 36 家（图 11-14）。

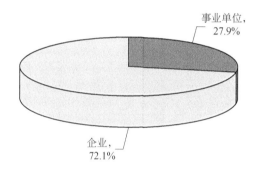

事业单位，27.9%

企业，72.1%

图 11-14 大别山区 A 级旅游景区经营管理机构数量分布图

## 二、就业情况

2015 年，大别山区 A 级旅游景区固定就业人数共计 10 134 人，占全国贫困地区 A 级旅游景区固定就业总人数的 7.8%，景区平均就业 78.6 人；临时（季节性）就业为 19 136 人次。其中，4A 级旅游景区固定就业人数最多，为 5748 人，占大别山区 A 级旅游景区固定就业总人数的 56.7%（表 11-10）。

表 11-10 大别山区 A 级旅游景区固定用工分等级统计表

| 景区等级 | 5A 级旅游景区 | 4A 级旅游景区 | 3A 级旅游景区 | 2A 级旅游景区 | 1A 级旅游景区 | 合计 |
|---|---|---|---|---|---|---|
| 固定用工人数/人 | 627 | 5748 | 2864 | 895 | 0 | 10 134 |
| 比例/% | 6.2 | 56.7 | 28.3 | 8.8 | 0.0 | 100.0 |

从景区类型看（表 11-11、图 11-15），自然景观类景区的固定就业人数最多，为 4037 人，占本地区 A 级旅游景区固定就业总人数的 39.8%；其次是其他类和历史文化类景区，固定就业人数分别为 1648 人和 1553 人，分别占本地区 A 级旅游景区固定就业总人数的 16.3% 和 15.3%。其中，自然景观类景区以 4A 级固定就业人数最多，为 2586 人；其他类景区以 4A 和 2A 级固定就业人数较多，分别为 1210 人和 438 人；历史文化类景区以 4A 和 3A 级固定就业人数较多，分别为 902 人和 602 人。

表 11-11　大别山区 A 级旅游景区固定用工分类型等级统计表　（单位：人）

| 景区类型 | 5A 级旅游景区 | 4A 级旅游景区 | 3A 级旅游景区 | 2A 级旅游景区 | 1A 级旅游景区 | 合计 |
|---|---|---|---|---|---|---|
| 自然景观 | 627 | 2 586 | 651 | 173 | 0 | 4 037 |
| 主题游乐 | 0 | 40 | 27 | 62 | 0 | 129 |
| 乡村旅游 | 0 | 376 | 132 | 12 | 0 | 520 |
| 历史文化 | 0 | 902 | 602 | 49 | 0 | 1 553 |
| 科技教育 | 0 | 0 | 0 | 0 | 0 | 0 |
| 红色旅游 | 0 | 215 | 267 | 23 | 0 | 505 |
| 工业旅游 | 0 | 0 | 4 | 0 | 0 | 4 |
| 度假休闲 | 0 | 240 | 1 124 | 55 | 0 | 1 419 |
| 博物馆 | 0 | 179 | 57 | 83 | 0 | 319 |
| 其他 | 0 | 1 210 | 0 | 438 | 0 | 1 648 |
| 合计 | 627 | 5 748 | 2 864 | 895 | 0 | 10 134 |

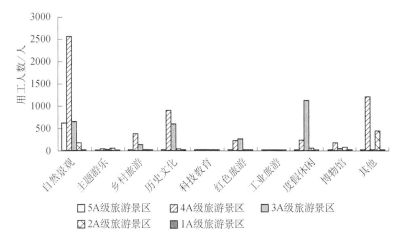

图 11-15　大别山区 A 级旅游景区固定用工分类型等级分布图

## 三、导游情况

2015 年大别山区 A 级旅游景区导游总数为 904 人，占全国贫困地区 A 级旅游景区导游总数的 9.3%，景区平均导游数量为 7.0 人。其中 4A 和 3A 级旅游景区导游人数较多，分别为 462 人和 247 人，分别占大别山区 A 级旅游景区导游总量的 51.1% 和 27.3%（表 11-12、图 11-16）。

**表 11-12　大别山区 A 级旅游景区导游数量分等级统计表**

| 景区等级 | 5A 级旅游景区 | 4A 级旅游景区 | 3A 级旅游景区 | 2A 级旅游景区 | 1A 级旅游景区 | 合计 |
|---|---|---|---|---|---|---|
| 导游人数/人 | 99 | 462 | 247 | 96 | 0 | 904 |
| 比例/% | 11.0 | 51.1 | 27.3 | 10.6 | 0.0 | 100.0 |

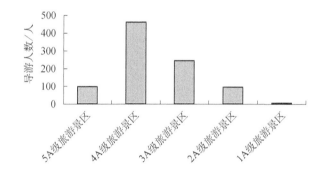

图 11-16　2015 年大别山区 A 级旅游景区导游人员分等级分布图

# 第十二章

## 罗霄山区 A 级旅游景区发展情况

罗霄山区（表 12-1）是我国华中地区和华东地区的交界之地，总面积约 5.3 万平方公里，以横跨江西、湖南两省的罗霄山为核心，辐射江西和湖南两省毗邻的 24 个县（市），其中国家扶贫开发工作重点县 16 个，革命老区县（市）23 个，江西涵盖的贫苦县面积及数量较多，尤以赣州所辖的贫苦县数量最多，总计 12 个。该区是著名的革命老区，大部分县属于原井冈山革命根据地和中央苏区范围，是国家新一轮扶贫开发攻坚战主战场之一，对接鄱阳湖生态经济区、环长株潭城市群和海峡西岸经济区，邻近珠江三角洲及长江三角洲地区，是内陆连接粤港澳与厦漳泉地区的重要通道。

罗霄山片区旅游资源丰富奇特，自然人文资源禀赋俱佳。国家森林公园、国家湿地公园、国家自然保护区、国家级风景区等奠定了片区优越的自然生态基底。红色文化沉积深厚，老区精神影响深远，拥有井冈山、瑞金等红色旅游胜地。历史文化资源别具一格，炎帝陵等文化古迹具有重大影响，以国家历史文化名城赣州为代表的客家文化源远流长。目前全区旅游业呈现百花齐放态势，红色旅游、生态旅游、乡村旅游、历史文化旅游等多种旅游形态蓬勃开展，"红绿古"相结合的复合型旅游资源开发格局日益形成。该区拥有江西省井冈山风景名胜区和共和国摇篮旅游区 2 个国家 5A 级景区。

**表 12-1　罗霄山区行政区划**

| 省 | 市 | 县（市） |
|---|---|---|
| 江西省（18） | 赣州市 | 赣县、上犹县、安远县、宁都县、于都县、兴国县、会昌县、寻乌县、石城县、瑞金市、南康市、章贡区 |
| | 吉安市 | 遂川县、万安县、永新县、井冈山市 |
| | 萍乡市 | 莲花县 |
| | 抚州市 | 乐安县 |
| 湖南省（6） | 株洲市 | 茶陵县、炎陵县 |
| | 郴州市 | 宜章县、汝城县、桂东县、安仁县 |

# 第一节　数量与门票价格

2015 年，罗霄山区 A 级旅游景区共计 42 家，占贫困区 A 级景区总量的 3.8%，占全国 A 级景区总量的 0.5%。

## 一、等级构成

罗霄山区 5A 级旅游景区 2 家，占该区 A 级旅游景区总量的 4.8%；4A 级旅游景区 16 家，占比为 38.1%；3A 级旅游景区 18 家，占比为 42.9%；2A 级旅游景区 6 家，占比为 14.3%；无 1A 级旅游景区（图 12-1）。

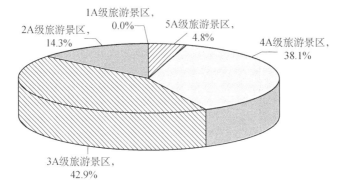

图 12-1　罗霄山区 A 级旅游景区分等级分布图

## 二、类型构成

罗霄山区 A 级旅游景区以自然景观类数量最多，共计 13 家，占该区 A 级景区总数的 31.0%；其次是红色旅游类景区，共计 7 家，占比 16.7%；紧随其后的是历史文化类和度假休闲类景区，均为 6 家，占比均为 14.3%；其他类景区数量最少，均仅为 2 家，占比仅为 4.8%。无主题游乐类、科技教育类、工业旅游类景区（图 12-2）。

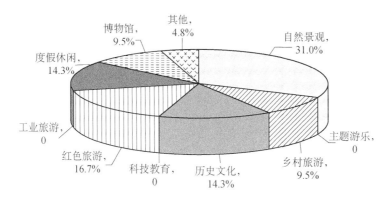

图 12-2　罗霄山区 A 级旅游景区分类型分布图

从景区等级和类型来看，自然景观类中 4A 级旅游景区数量最多，共计 7 家，其次是 3A 级和 2A 级旅游景区，均共计 3 家；红色旅游类中也是 3A 级旅游景区数量最多，共计 5 家，其次是 5A 级旅游景区，共计 2 家（表 12-2、图 12-3）。

表 12-2　罗霄山区 A 级旅游景区分类型等级统计表　（单位：家）

| 景区类型 | 5A 级旅游景区 | 4A 级旅游景区 | 3A 级旅游景区 | 2A 级旅游景区 | 1A 级旅游景区 | 合计 |
|---|---|---|---|---|---|---|
| 自然景观 | 0 | 7 | 3 | 3 | 0 | 13 |
| 主题游乐 | 0 | 0 | 0 | 0 | 0 | 0 |
| 乡村旅游 | 0 | 1 | 3 | 0 | 0 | 4 |
| 历史文化 | 0 | 3 | 2 | 1 | 0 | 6 |
| 科技教育 | 0 | 0 | 0 | 0 | 0 | 0 |
| 红色旅游 | 2 | 0 | 5 | 0 | 0 | 7 |
| 工业旅游 | 0 | 0 | 0 | 0 | 0 | 0 |
| 度假休闲 | 0 | 3 | 3 | 0 | 0 | 6 |
| 博物馆 | 0 | 1 | 1 | 2 | 0 | 4 |
| 其他 | 0 | 1 | 1 | 0 | 0 | 2 |
| 合计 | 2 | 16 | 18 | 6 | 0 | 42 |

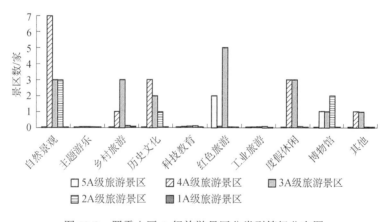

图 12-3　罗霄山区 A 级旅游景区分类型等级分布图

## 三、门票价格

2015 年，罗霄山区 42 家 A 级旅游景区的门票价格总计 1369 元，平均门票价格为 32.6 元，较全国平均水平高了 1.6 元。

从景区等级来看，5A 级旅游景区的平均门票价格最高，达到 137.5 元；

其次是 4A 和 3A 级景区，平均门票价格分别为 43.7 元和 20.8 元；2A 级景区的平均门票价格相对最低，为 3.3 元（表 12-3）。

表 12-3　2015 年罗霄山区 A 级旅游景区门票价格分等级统计表

| 景区等级 | 门票价格总额/元 | 景区数量/家 | 平均门票价格/元 |
|---|---|---|---|
| 5A 级旅游景区 | 275 | 2 | 137.5 |
| 4A 级旅游景区 | 699 | 16 | 43.7 |
| 3A 级旅游景区 | 375 | 18 | 20.8 |
| 2A 级旅游景区 | 20 | 6 | 3.3 |
| 1A 级旅游景区 | 0 | 0 | 0.0 |
| 合计 | 1369 | 42 | 32.6 |

从类型来看，2015 年罗霄山区红色旅游类、自然景观类和其他类景区的平均门票价格相对较高，分别为 43.6 元、42.8 元和 40.0 元；其次是历史文化类景区，平均门票价格为 31.7 元；乡村旅游类和度假休闲类景区平均门票价格相对较低，分别为 23.8 元和 23.7 元；博物馆类景区的平均门票价格最低，目前为 0（表 12-4）。

表 12-4　2015 年罗霄山区 A 级旅游景区门票价格分类型统计表

| 景区类型 | 门票价格总额/元 | 景区数量/家 | 平均门票价格/元 |
|---|---|---|---|
| 自然景观 | 557 | 13 | 42.8 |
| 主题游乐 | 0 | 0 | 0.0 |
| 乡村旅游 | 95 | 4 | 23.8 |
| 历史文化 | 190 | 6 | 31.7 |
| 科技教育 | 0 | 0 | 0.0 |
| 红色旅游 | 305 | 7 | 43.6 |
| 工业旅游 | 0 | 0 | 0.0 |
| 度假休闲 | 142 | 6 | 23.7 |
| 博物馆 | 0 | 4 | 0.0 |
| 其他 | 80 | 2 | 40.0 |
| 合计 | 1369 | 42 | 32.6 |

# 第二节　游客接待量

2015 年，罗霄山区 A 级旅游景区游客总接待量为 3289.1 万人次，占全国贫困地区 A 级旅游景区接待总量的 8.2%，其中政策性免票人数为 1288.9 万人次，景区平均接待量为 78.3 万人次。

## 一、分等级接待量

2015 年，罗霄山区 A 级旅游景区游客接待量以 5A 级旅游景区最多，共计 1551.7 万人次，占罗霄山区 A 级旅游景区游客接待总量的 47.2%；其次是 4A 级旅游景区，游客接待量为 1088.8 万人次，占比为 33.1%；3A 级和 2A 级旅游景区游客接待量相对较少，接待人数分别为 537.6 万人次和 111.0 万人次，占比分别为 16.3% 和 3.4%（图 12-4）。

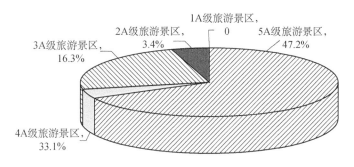

图 12-4　罗霄山区 A 级旅游景区游客接待量分等级分布图

## 二、分类型接待量

2015 年，罗霄山区不同类型 A 级旅游景区游客接待量差异较大，其中红色旅游类与自然景观类景区游客接待量最多，分别为 1683.6 万人次和 641.5 万人次，分别占罗霄山区 A 级旅游景区接待总量的 51.2% 和 19.5%；其次是历史文化类景区，游客接待量为 369.2 万人次，占比为 11.2%；其他类旅游景区游客接待量最少，为 59.2 万人次，占比仅为 1.8%（图 12-5）。

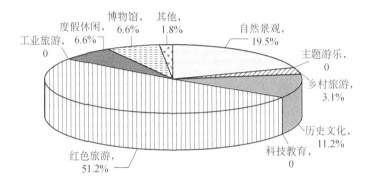

图 12-5 罗霄山区 A 级旅游景区游客接待量分类型分布图

从景区类型和等级综合来看，红色旅游类以 5A 级旅游景区的游客接待量最多，共计 1551.7 万人次，其次是 3A 级旅游景区，游客接待量共计 131.9 万人次；自然景观类中 4A 级旅游景区游客接待量最多，共计 498.1 万人次，其次是 3A 级旅游景区，游客接待量共计 114.9 万人次（表 12-5、图 12-6）。

表 12-5 罗霄山区 A 级旅游景区游客接待量

分类型等级统计表 （单位：万人次）

| 景区类型 | 5A 级旅游景区 | 4A 级旅游景区 | 3A 级旅游景区 | 2A 级旅游景区 | 1A 级旅游景区 | 合计 |
|---|---|---|---|---|---|---|
| 自然景观 | 0.0 | 498.1 | 114.9 | 28.5 | 0.0 | 641.5 |
| 主题游乐 | 0.0 | 0.0 | 0.0 | 0.0 | 0.0 | 0.0 |
| 乡村旅游 | 0.0 | 52.0 | 48.7 | 0.0 | 0.0 | 100.7 |
| 历史文化 | 0.0 | 312.7 | 37.3 | 19.2 | 0.0 | 369.2 |
| 科技教育 | 0.0 | 0.0 | 0.0 | 0.0 | 0.0 | 0.0 |
| 红色旅游 | 1551.7 | 0.0 | 131.9 | 0.0 | 0.0 | 1683.6 |
| 工业旅游 | 0.0 | 0.0 | 0.0 | 0.0 | 0.0 | 0.0 |
| 度假休闲 | 0.0 | 104.7 | 111.8 | 0.0 | 0.0 | 216.5 |
| 博物馆 | 0.0 | 93.1 | 62.0 | 63.3 | 0.0 | 218.4 |
| 其他 | 0.0 | 28.2 | 31.0 | 0.0 | 0.0 | 59.2 |
| 合计 | 1551.7 | 1088.8 | 537.6 | 111.0 | | 3289.1 |

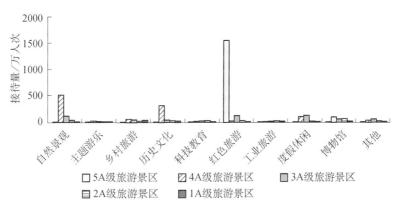

图 12-6　罗霄山区 A 级旅游景区游客接待量分类型等级分布图

# 第三节　收入与投资

## 一、旅游景区总收入情况

2015 年，罗霄山区 A 级旅游景区旅游总收入为 113.2 亿元，占全国贫困地区 A 级景区旅游总收入的 16.9%，景区平均收入为 26 944.0 万元。

1. 分等级收入

2015 年，罗霄山区 A 级旅游景区总收入以 5A 级旅游景区最高，共计 108.5 亿元，占该地区 A 级景区总收入的 95.9%；其次是 4A 级旅游景区，景区总收入共计 3.7 亿元，占比为 3.3%；3A 和 2A 级旅游景区收入相对较少，仅 0.7 亿元和 0.1 亿元，占比分别为 0.6% 和 0.1%（图 12-7）。

2. 分类型收入

从景区类型看，2015 年罗霄山区 A 级旅游景区中红色旅游类的收入位居榜首，达到 108.7 亿元，占全区 A 级景区总收入的 96.0%；其次是历史文化类和自然景观类景区，景区收入分别为 1.9 亿元和 1.7 亿元，占比分别 1.7% 和 1.5%；博物馆类景区的收入最少，仅 5.1 万元，占比不足 0.1%（图 12-8）。

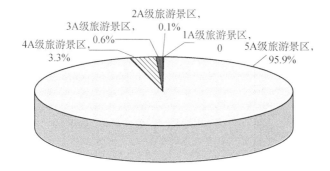

图 12-7 罗霄山区 A 级旅游景区收入分等级分布图

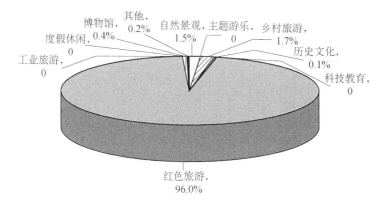

图 12-8 罗霄山区 A 级旅游景区收入分类型分布图

从景区类型和等级综合来看，红色旅游类景区中 5A 级旅游景区收入最多，景区收入为 108.5 亿元；历史文化类景区中 4A 级旅游景区收入最多，为 1.9 亿元；自然景观类景区中也是 4A 级旅游景区收入最多，为 1.5 亿元（表 12-6、图 12-9）。

表 12-6 罗霄山区 A 级旅游景区收入分类型等级统计表 （单位：亿元）

| 景区类型 | 5A 级旅游景区 | 4A 级旅游景区 | 3A 级旅游景区 | 2A 级旅游景区 | 1A 级旅游景区 | 合计 |
|---|---|---|---|---|---|---|
| 自然景观 | 0.0 | 1.5 | 0.1 | 0.1 | 0.0 | 1.7 |
| 主题游乐 | 0.0 | 0.0 | 0.0 | 0.0 | 0.0 | 0.0 |
| 乡村旅游 | 0.0 | 0.0 | 0.2 | 0.0 | 0.0 | 0.2 |
| 历史文化 | 0.0 | 1.9 | 0.0 | 0.0 | 0.0 | 1.9 |
| 科技教育 | 0.0 | 0.0 | 0.0 | 0.0 | 0.0 | 0.0 |

续表

| 景区类型 | 5A 级旅游景区 | 4A 级旅游景区 | 3A 级旅游景区 | 2A 级旅游景区 | 1A 级旅游景区 | 合计 |
|---|---|---|---|---|---|---|
| 红色旅游 | 108.5 | 0.0 | 0.2 | 0.0 | 0.0 | 108.7 |
| 工业旅游 | 0.0 | 0.0 | 0.0 | 0.0 | 0.0 | 0.0 |
| 度假休闲 | 0.0 | 0.3 | 0.2 | 0.0 | 0.0 | 0.5 |
| 博物馆 | 0.0 | 0.0 | 0.0 | 0.0 | 0.0 | 0.0 |
| 其他 | 0.0 | 0.2 | 0.0 | 0.0 | 0.0 | 0.2 |
| 合计 | 108.5 | 3.9 | 0.7 | 0.1 | 0.0 | 113.2 |

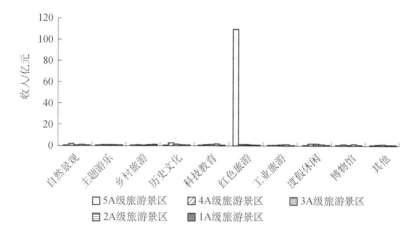

图 12-9　罗霄山区 A 级旅游景区收入类型等级分布图

## 二、旅游景区分项收入

2015 年，住宿收入是罗霄山区 A 级旅游景区的重要来源，总额为 36.5 亿元，占本地区 A 级景区总收入的 32.2%；其次是餐饮、商品和交通收入，总额分别为 25.1 亿元、23.2 亿元和 21.7 亿元，占比分别为 22.2%、20.5% 和 19.2%；门票、演艺和其他收入相对较少，分别为 6.2 亿元、0.3 亿元和 0.2 亿元，占比分别为 5.5%、0.3% 和 0.2%（图 12-10）。

### （一）分等级收入

罗霄山区不同等级 A 级旅游景区总收入构成中，5A 级旅游景区总收入所占比重较大，占本地区 A 级景区总收入的 95.8%。5A 级旅游景区收入构成中以住宿、餐饮、商品和交通收入为主，分别为 35.9 亿元、24.0 亿元、22.6 亿元和 21.6 亿元（表 12-7、图 12-11）。

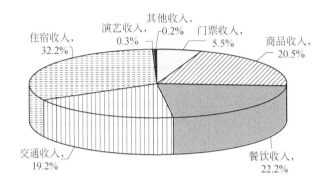

图 12-10 罗霄山区 A 级旅游景区收入构成分布图

**表 12-7 罗霄山区 A 级旅游景区收入构成分等级统计表** （单位：亿元）

| 景区类型 | 门票收入 | 商品收入 | 餐饮收入 | 交通收入 | 住宿收入 | 演艺收入 | 其他收入 | 合计 |
|---|---|---|---|---|---|---|---|---|
| 5A 级旅游景区 | 4.1 | 22.6 | 24.0 | 21.6 | 35.9 | 0.3 | 0.0 | 108.5 |
| 4A 级旅游景区 | 1.8 | 0.5 | 0.9 | 0.1 | 0.5 | 0.0 | 0.1 | 3.9 |
| 3A 级旅游景区 | 0.2 | 0.1 | 0.2 | 0.0 | 0.1 | 0.0 | 0.1 | 0.7 |
| 2A 级旅游景区 | 0.1 | 0.0 | 0.0 | 0.0 | 0.0 | 0.0 | 0.0 | 0.1 |
| 1A 级旅游景区 | 0.0 | 0.0 | 0.0 | 0.0 | 0.0 | 0.0 | 0.0 | 0.0 |
| 合计 | 6.2 | 23.2 | 25.1 | 21.7 | 36.5 | 0.3 | 0.2 | 113.2 |

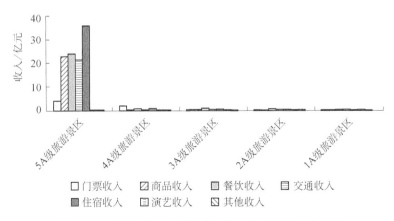

图 12-11 罗霄山区 A 级旅游景区收入构成分等级分布图

## （二）分类型收入

红色旅游类景区收入最高，为 108.7 亿元。红色旅游类旅游景区以住宿、餐饮、商品和交通收入为主，分别为 35.9 亿元、24.1 亿元、22.8 亿元和 21.6 亿元（表 12-8、图 12-12）。

**表 12-8　罗霄山区 A 级旅游景区收入构成分类型统计表** 　（单位：亿元）

| 景区类型 | 门票收入 | 商品收入 | 餐饮收入 | 交通收入 | 住宿收入 | 演艺收入 | 其他收入 | 合计 |
|---|---|---|---|---|---|---|---|---|
| 自然景观 | 0.9 | 0.0 | 0.4 | 0.0 | 0.3 | 0.0 | 0.1 | 1.7 |
| 主题游乐 | 0.0 | 0.0 | 0.0 | 0.0 | 0.0 | 0.0 | 0.0 | 0.0 |
| 乡村旅游 | 0.2 | 0.0 | 0.0 | 0.0 | 0.0 | 0.0 | 0.0 | 0.2 |
| 历史文化 | 0.7 | 0.3 | 0.6 | 0.1 | 0.2 | 0.0 | 0.0 | 1.9 |
| 科技教育 | 0.0 | 0.0 | 0.0 | 0.0 | 0.0 | 0.0 | 0.0 | 0.0 |
| 红色旅游 | 4.0 | 22.8 | 24.1 | 21.6 | 35.9 | 0.3 | 0.0 | 108.7 |
| 工业旅游 | 0.0 | 0.0 | 0.0 | 0.0 | 0.0 | 0.0 | 0.0 | 0.0 |
| 度假休闲 | 0.2 | 0.1 | 0.0 | 0.0 | 0.1 | 0.0 | 0.1 | 0.5 |
| 博物馆 | 0.0 | 0.0 | 0.0 | 0.0 | 0.0 | 0.0 | 0.0 | 0.0 |
| 其他 | 0.2 | 0.0 | 0.0 | 0.0 | 0.0 | 0.0 | 0.0 | 0.2 |
| 合计 | 6.2 | 23.2 | 25.1 | 21.7 | 36.5 | 0.3 | 0.2 | 113.2 |

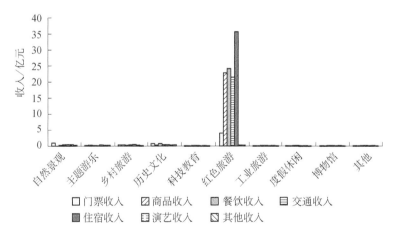

图 12-12　罗霄山区 A 级旅游景区收入构成分类型分布图

## 三、旅游景区投资

2015 年，罗霄山区 A 级旅游景区总投资为 11.4 亿元，占中国贫困地区 A 级旅游景区总投资的 3.8%，景区平均投资为 2726.9 万元。其中景区内部建设投资为 8.2 亿元，外部建设投资为 3.2 亿元（表 12-9）。

从景区等级来看，2015 年 4A 级旅游景区建设总投资最多，为 5.4 亿元，占罗霄山区所有 A 级旅游景区当年建设总投资的 47.4%。从景区类型来看，红色旅游类和历史文化类景区的总投资较多，分别是 4.0 亿元和 2.7 亿元。

从景区等级和类型综合来看，红色旅游类景区中 5A 级旅游景区的建设投资最多，达 3.8 亿元；历史文化类景区中 4A 级旅游景区的建设投资较多，为 2.7 亿元（图 12-13）。

表 12-9 　罗霄山区 A 级旅游景区建设投资分类型等级统计表（单位：亿元）

| 景区类型 | 5A 级旅游景区 | 4A 级旅游景区 | 3A 级旅游景区 | 2A 级旅游景区 | 1A 级旅游景区 | 合计 |
|---|---|---|---|---|---|---|
| 自然景观 | 0.0 | 1.0 | 0.6 | 0.0 | 0.0 | 1.6 |
| 主题游乐 | 0.0 | 0.0 | 0.0 | 0.0 | 0.0 | 0.0 |
| 乡村旅游 | 0.0 | 0.9 | 1.2 | 0.0 | 0.0 | 2.1 |
| 历史文化 | 0.0 | 2.7 | 0.0 | 0.0 | 0.0 | 2.7 |
| 科技教育 | 0.0 | 0.0 | 0.0 | 0.0 | 0.0 | 0.0 |
| 红色旅游 | 3.8 | 0.0 | 0.2 | 0.0 | 0.0 | 4.0 |
| 工业旅游 | 0.0 | 0.0 | 0.0 | 0.0 | 0.0 | 0.0 |
| 度假休闲 | 0.0 | 0.3 | 0.1 | 0.0 | 0.0 | 0.4 |
| 博物馆 | 0.0 | 0.0 | 0.0 | 0.0 | 0.0 | 0.0 |
| 其他 | 0.0 | 0.5 | 0.1 | 0.0 | 0.0 | 0.6 |
| 合计 | 3.8 | 5.4 | 2.2 | 0.0 | 0.0 | 11.4 |

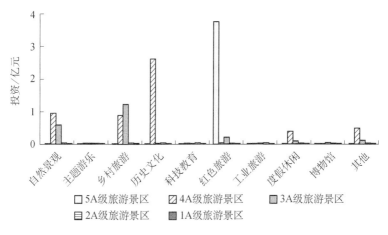

图 12-13　罗霄山区 A 级旅游景区建设投资分类型等级分布图

# 第四节　管理与就业

## 一、经营机构

2015 年，罗霄山区 A 级旅游景区经营机构共 42 家，共分两种类型。其中企业类经营机构最多，为 25 家；其次是事业单位类型经营机构 17 家（图 12-14）。

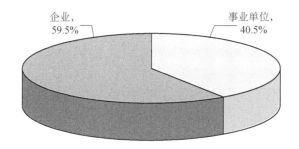

图 12-14　罗霄山区 A 级旅游景区经营管理机构数量分布图

## 二、就业情况

2015 年，罗霄山区 A 级旅游景区固定就业人数共计 24 054 人，占全国贫困地区 A 级旅游景区固定就业总人数的 18.4%，景区平均就业 572.7 人；临时（季节性）就业为 13 217 人次。其中，5A 级旅游景区固定就业人数最多，为 22 071 人，占罗霄山区 A 级旅游景区固定就业总人数的 91.8%（表12-10）。

表 12-10　罗霄山区 A 级旅游景区固定用工分等级统计表

| 景区等级 | 5A 级旅游景区 | 4A 级旅游景区 | 3A 级旅游景区 | 2A 级旅游景区 | 1A 级旅游景区 | 合计 |
|---|---|---|---|---|---|---|
| 固定用工人数/人 | 22 071 | 1 450 | 503 | 30 | 0 | 24 054 |
| 比例/% | 91.8 | 6.0 | 2.1 | 0.1 | 0.0 | 100.0 |

从景区类型看，红色旅游类景区的固定就业人数最多，为 22 255 人，占本地区 A 级旅游景区固定就业总人数的 92.5%；红色旅游类景区主要以 5A 级固定就业人数最多，为 22 071 人（表 12-11、图 12-15）。

表 12-11　罗霄山区 A 级旅游景区固定用工分类型等级统计表（单位：人）

| 景区类型 | 5A 级旅游景区 | 4A 级旅游景区 | 3A 级旅游景区 | 2A 级旅游景区 | 1A 级旅游景区 | 合计 |
|---|---|---|---|---|---|---|
| 自然景观 | 0 | 583 | 105 | 8 | 0 | 696 |
| 主题游乐 | 0 | 0 | 0 | 0 | 0 | 0 |
| 乡村旅游 | 0 | 10 | 110 | 0 | 0 | 120 |
| 历史文化 | 0 | 282 | 8 | 10 | 0 | 300 |
| 科技教育 | 0 | 0 | 0 | 0 | 0 | 0 |
| 红色旅游 | 22 071 | 0 | 184 | 0 | 0 | 22 255 |
| 工业旅游 | 0 | 0 | 0 | 0 | 0 | 0 |
| 度假休闲 | 0 | 264 | 71 | 0 | 0 | 335 |
| 博物馆 | 0 | 36 | 7 | 12 | 0 | 55 |
| 其他 | 0 | 275 | 18 | 0 | 0 | 293 |
| 合计 | 22 071 | 1 450 | 503 | 30 | 0 | 24 054 |

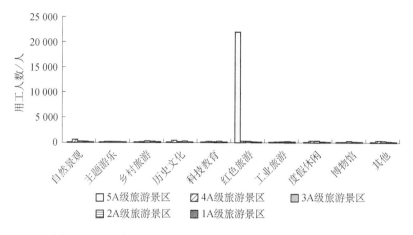

图 12-15　罗霄山区 A 级旅游景区固定用工分类型等级分布图

## 三、导游情况

2015 年罗霄山区 A 级旅游景区导游总数为 788 人，占全国贫困地区 A 级旅游景区导游总数的 8.1%，景区平均导游数量为 18.8 人/家。其中 5A 和 4A 级旅游景区导游人数较多，分别为 559 人和 142 人，分别占罗霄山区 A 级旅游景区导游总量的 70.9% 和 18.0%（表 12-12、图 12-16）。

**表 12-12　罗霄山区 A 级旅游景区导游数量分等级统计表**

| 景区等级 | 5A 级旅游景区 | 4A 级旅游景区 | 3A 级旅游景区 | 2A 级旅游景区 | 1A 级旅游景区 | 合计 |
|---|---|---|---|---|---|---|
| 导游人数/人 | 559 | 142 | 76 | 11 | 0 | 788 |
| 比例/% | 70.9 | 18.0 | 9.6 | 1.4 | 0.0 | 100.0 |

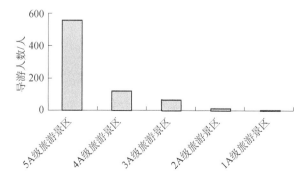

图 12-16　2015 年罗霄山区 A 级旅游景区导游人员分等级分布图

# 第十三章

# 四省藏区 A 级旅游景区发展情况

四省藏区（表 13-1）是指除西藏自治区外青海、四川、云南、甘肃四省藏族与其他民族共同聚居的民族自治区域，主要涵盖这四省毗邻的 77 个县（市、自治县、行委），其中云南 3 个县（自治县）、四川 32 个县（自治县）、甘肃 9 个县（市、自治县）、青海 33 个县（市、自治县、行委）。该区是少数民族的文化走廊，是连接内陆的桥梁，是国家生态安全的重要屏障。

该区自然人文旅游资源禀赋突出，拥有九寨沟风景名胜区、黄龙国家级风景名胜区、汶川特别旅游区和香格里拉普达措国家公园 4 个国家 5A 级旅游景区。

表 13-1　四省藏区行政区划

| 省 | 自治州（市） | 县（市、自治县、行委） |
|---|---|---|
| 云南省（3） | 迪庆藏族自治州 | 香格里拉县、德钦县、维西傈僳族自治县 |
| 四川省（32） | 阿坝藏族羌族自治州 | 汶川县、理县、茂县、松潘县、九寨沟县、金川县、小金县、黑水县、马尔康县、壤塘县、阿坝县、若尔盖县、红原县 |
| | 甘孜藏族自治州 | 康定县、泸定县、丹巴县、九龙县、雅江县、道孚县、炉霍县、甘孜县、新龙县、德格县、白玉县、石渠县、色达县、理塘县、巴塘县、乡城县、稻城县、得荣县 |
| | 凉山彝族自治州 | 木里藏族自治县 |

续表

| 省 | 自治州（市） | 县（市、自治县） |
|---|---|---|
| 甘肃省（9） | 武威市 | 天祝藏族自治县 |
| | 甘南藏族自治州 | 合作市、临潭县、卓尼县、舟曲县、迭部县、玛曲县、碌曲县、夏河县 |
| 青海省（33） | 海北藏族自治州 | 门源回族自治县、祁连县、海晏县、刚察县 |
| | 黄南藏族自治州 | 同仁县、尖扎县、泽库县、河南蒙古族自治县 |
| | 海南藏族自治州 | 共和县、同德县、贵德县、兴海县、贵南县 |
| | 果洛藏族自治州 | 玛沁县、班玛县、甘德县、达日县、久治县、玛多县 |
| | 玉树藏族自治州 | 玉树县、杂多县、称多县、治多县、囊谦县、曲麻莱县 |
| | 海西蒙古族藏族自治州 | 格尔木市、德令哈市、乌兰县、都兰县、天峻县、冷湖行委、大柴旦行委、茫崖行委 |

# 第一节　数量与门票价格

2015 年，四省藏区 A 级旅游景区共计 84 家，占贫困区 A 级景区总量的 7.7%，占全国 A 级景区总量的 1.0%。

## 一、等级构成

四省藏区 5A 级旅游景区 4 家，占该区 A 级旅游景区总量的 4.8%；4A 级旅游景区 31 家，占比为 36.9%；3A 级旅游景区 34 家，占比为 40.5%；2A 级旅游景区 15 家，占比为 17.9%；无 1A 级旅游景区（图 13-1）。

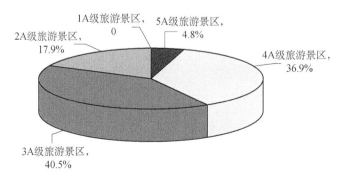

图 13-1　四省藏区 A 级旅游景区分等级分布图

## 二、类型构成

四省藏区 A 级旅游景区以自然景观类数量最多，共计 46 家，占该区 A 级景区总数的 54.8%；其次是历史文化类景区，共计 19 家，占比为 22.6%；紧随其后的是度假休闲类景区，为 6 家，占比为 7.1%；博物馆类景区数量最少，仅为 1 家，占比仅为 1.2%。无主题游乐类、科技教育类和工业旅游类景区（图 13-2）。

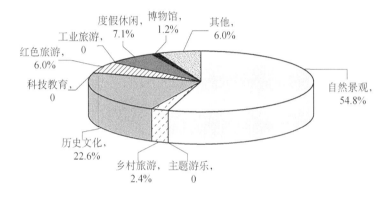

图 13-2 四省藏区 A 级旅游景区分类别分布图

从景区等级和类型来看，自然景观类中 4A 级旅游景区数量最多，共计 20 家，其次是 3A 级旅游景区，共计 14 家；历史文化类中 3A 级旅游景区数量最多，共计 11 家，其次是 4A 级旅游景区，共计 6 家（表 13-2、图 13-3）。

表 13-2 四省藏区 A 级旅游景区分类型等级数量统计表 （单位：家）

| 景区类型 | 5A 级旅游景区 | 4A 级旅游景区 | 3A 级旅游景区 | 2A 级旅游景区 | 1A 级旅游景区 | 合计 |
|---|---|---|---|---|---|---|
| 自然景观 | 2 | 20 | 14 | 10 | 0 | 46 |
| 主题游乐 | 0 | 0 | 0 | 0 | 0 | 0 |
| 乡村旅游 | 0 | 2 | 0 | 0 | 0 | 2 |
| 历史文化 | 0 | 6 | 11 | 2 | 0 | 19 |
| 科技教育 | 0 | 0 | 0 | 0 | 0 | 0 |
| 红色旅游 | 1 | 1 | 3 | 0 | 0 | 5 |
| 工业旅游 | 0 | 0 | 0 | 0 | 0 | 0 |
| 度假休闲 | 0 | 2 | 3 | 1 | 0 | 6 |

续表

| 景区类型 | 5A级旅游景区 | 4A级旅游景区 | 3A级旅游景区 | 2A级旅游景区 | 1A级旅游景区 | 合计 |
|---|---|---|---|---|---|---|
| 博物馆 | 0 | 0 | 0 | 1 | 0 | 1 |
| 其他 | 1 | 0 | 3 | 1 | 0 | 5 |
| 合计 | 4 | 31 | 34 | 15 | 0 | 84 |

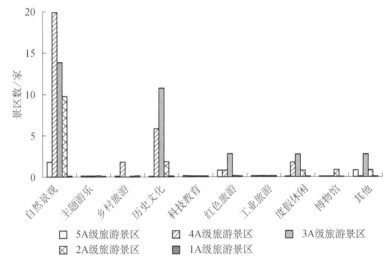

图 13-3　四省藏区 A 级旅游景区分类型等级分布图

# 三、门票价格

2015 年，四省藏区 84 家 A 级旅游景区的门票价格总计 2875 元，平均门票价格为 34.2 元，较全国平均水平低了 3.2 元。

从景区等级来看，5A 级旅游景区的平均门票价格最高，达到 117.3 元；其次是 4A 级景区，平均门票价格分别为 69.3 元；2A 级景区平均门票价格相对较低，为 11.1 元；3A 级景区平均门票价格最低，为 2.7 元（表 13-3）。

表 13-3　2015 年四省藏区 A 级旅游景区门票价格分等级统计表

| 景区等级 | 门票价格总额/元 | 景区数量/家 | 平均门票价格/元 |
|---|---|---|---|
| 5A 级旅游景区 | 469 | 4 | 117.3 |
| 4A 级旅游景区 | 2147 | 31 | 69.3 |
| 3A 级旅游景区 | 93 | 34 | 2.7 |

续表

| 景区等级 | 门票价格总额/元 | 景区数量/家 | 平均门票价格/元 |
|---|---|---|---|
| 2A 级旅游景区 | 166 | 15 | 11.1 |
| 1A 级旅游景区 | 0 | 0 | 0.0 |
| 合计 | 2875 | 84 | 34.2 |

　　从类型来看，2015 年四省藏区自然景观类和其他类景区的平均门票价格相对较高，分别为 45.6 元和 37.6 元；其次是红色旅游类和乡村旅游类两类景区，平均门票价格分别为 33.2 元和 30.0 元；历史文化类和度假休闲类两种类型景区的平均门票价格相对较低，分别为 14.8 元和 13.8 元；博物馆类景区的平均门票价格最低，目前为 0（表 13-4）。

表 13-4　2015 年四省藏区 A 级旅游景区门票价格分类型统计表

| 景区类型 | 门票价格总额/元 | 景区数量/家 | 平均门票价格/元 |
|---|---|---|---|
| 自然景观 | 2097 | 46 | 45.6 |
| 主题游乐 | 0 | 0 | 0.0 |
| 乡村旅游 | 60 | 2 | 30.0 |
| 历史文化 | 281 | 19 | 14.8 |
| 科技教育 | 0 | 0 | 0.0 |
| 红色旅游 | 166 | 5 | 33.2 |
| 工业旅游 | 0 | 0 | 0.0 |
| 度假休闲 | 83 | 6 | 13.8 |
| 博物馆 | 0 | 1 | 0.0 |
| 其他 | 188 | 5 | 37.6 |
| 合计 | 2875 | 84 | 34.2 |

# 第二节　游客接待量

　　2015 年，四省藏区 A 级旅游景区游客总接待量为 3258.3 万人次，占全国贫困地区 A 级旅游景区接待总量的 8.2%，其中政策性免票人数为 1138.3 万人次，景区平均接待为 38.8 万人次。

## 一、分等级接待量

2015 年，四省藏区 A 级旅游景区游客接待量以 4A 级旅游景区最多，共计 1556.6 万人次，占四省藏区 A 级旅游景区游客接待总量的 47.8%；其次是 5A 级旅游景区，游客接待量为 1255.5 万人次，占比为 38.5%；3A 级旅游景区游客接待量相对较少，接待人数为 262.9 万人次，占比为 8.1%。2A 级旅游景区游客接待量最少，仅为 183.3 万人次，占比为 5.6%（图 13-4）。

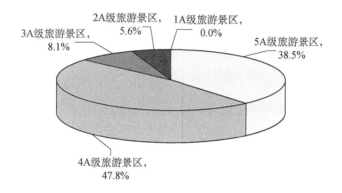

图 13-4　四省藏区 A 级旅游景区游客接待量分等级分布图

## 二、分类型接待量

2015 年，四省藏区不同类型 A 级旅游景区游客接待量差异较大，其中自然景观类景区游客接待量最多，为 1898.6 万人次，占四省藏区 A 级旅游景区接待总量的 58.3%；其次是红色旅游类和历史文化类景区，游客接待量分别为 499.6 万人次和 482.3 万人次，占比分别为 15.3%和 14.8%；乡村旅游类和博物馆类旅游景区游客接待量最少，分别为 42.5 万人次和 1.9 万人次，占比仅分别为 1.3%和 0.1%（图 13-5）。

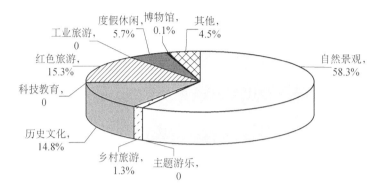

图 13-5    四省藏区 A 级旅游景区游客接待量分类型分布图

从景区类型和等级综合来看，自然景观类以 4A 级旅游景区的游客接待量最多，共计 896.6 万人次，其次是 5A 级旅游景区，游客接待量共计 708.4 万人次；红色旅游类中 5A 级旅游景区游客接待量最多，共计 412.9 万人次，其次是 4A 级旅游景区，游客接待量共计 76.9 万人次；历史文化类中 4A 级旅游景区游客接待量最多，共计 404.2 万人次（表 13-5、图 13-6）。

表 13-5    四省藏区 A 级旅游景区游客接待量分类型等级统计表（单位：万人次）

| 景区类型 | 5A 级旅游景区 | 4A 级旅游景区 | 3A 级旅游景区 | 2A 级旅游景区 | 1A 级旅游景区 | 合计 |
|---|---|---|---|---|---|---|
| 自然景观 | 708.4 | 896.6 | 200.0 | 93.6 | 0.0 | 1898.6 |
| 主题游乐 | 0.0 | 0.0 | 0.0 | 0.0 | 0.0 | 0.0 |
| 乡村旅游 | 0.0 | 42.5 | 0.0 | 0.0 | 0.0 | 42.5 |
| 历史文化 | 0.0 | 404.2 | 37.2 | 40.9 | 0.0 | 482.3 |
| 科技教育 | 0.0 | 0.0 | 0.0 | 0.0 | 0.0 | 0.0 |
| 红色旅游 | 412.9 | 76.9 | 9.8 | 0.0 | 0.0 | 499.6 |
| 工业旅游 | 0.0 | 0.0 | 0.0 | 0.0 | 0.0 | 0.0 |
| 度假休闲 | 0.0 | 136.4 | 6.3 | 44.6 | 0.0 | 187.3 |
| 博物馆 | 0.0 | 0.0 | 0.0 | 1.9 | 0.0 | 1.9 |
| 其他 | 134.2 | 0.0 | 9.6 | 2.3 | 0.0 | 146.1 |
| 合计 | 1255.5 | 1556.6 | 262.9 | 183.3 | 0.0 | 3258.3 |

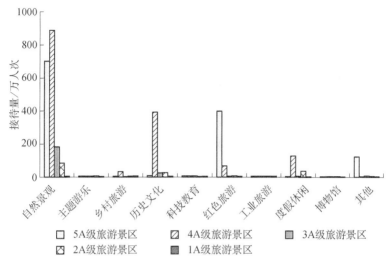

图 13-6　四省藏区 A 级旅游景区游客接待量分类型等级分布图

# 第三节　收入与投资

## 一、旅游景区总收入情况

2015 年，四省藏区 A 级旅游景区旅游总收入为 82.4 亿元，占全国贫困地区 A 级景区旅游总收入的 12.3%，景区平均收入为 9812.1 万元。

（一）分等级收入

2015 年四省藏区 A 级旅游景区总收入以 4A 级旅游景区最高，共计 52.7 亿元，占该地区 A 级景区总收入的 64.0%；其次是 5A 级旅游景区，景区总收入共计 24.9 亿元，占比 30.2%；2A 和 3A 级旅游景区收入相对较少，仅 3.2 亿元和 1.6 亿元，占比分别为 3.9% 和 1.9%（图 13-7）。

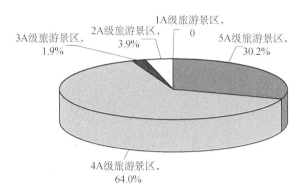

图 13-7    四川藏区 A 级旅游景区收入分等级分布图

## （二）分类型收入

从景区类型看，2015 年四省藏区 A 级旅游景区中自然景观类的收入位居榜首，达到 48.0 亿元，占全区 A 级景区总收入的 58.3%；其次是历史文化类、度假休闲类和红色旅游类景区，景区收入分别为 10.7 亿元、10.4 亿元和 9.7 亿元，占比分别为 13.0%、12.6% 和 11.8%；博物馆类景区的收入最少，暂时为 0（图 13-8）。

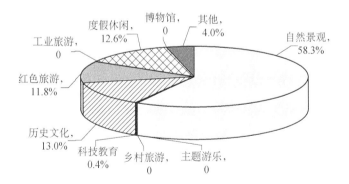

图 13-8    四省藏区 A 级旅游景区收入分类型分布图

从景区类型和等级综合来看，自然景观类景区中4A 级旅游景区收入最多，景区收入为 33.3 亿元，5A 级旅游景区次之，为 12.6 亿元；历史文化类景区中4A 级旅游景区收入最多，为 8.3 亿元，其次是 2A 级旅游景区，为 1.8 亿元；

度假休闲类景区中 4A 级旅游景区收入最多，为 10.4 亿元；红色旅游类景区中

5A 级旅游景区收入最多，为 9.2 亿元（表 13-6、图 13-9）。

表 13-6  四省藏区 A 级旅游景区收入分类型等级统计表   （单位：亿元）

| 景区类型 | 5A 级旅游景区 | 4A 级旅游景区 | 3A 级旅游景区 | 2A 级旅游景区 | 1A 级旅游景区 | 合计 |
|---|---|---|---|---|---|---|
| 自然景观 | 12.6 | 33.3 | 0.8 | 1.3 | 0.0 | 48.0 |
| 主题游乐 | 0.0 | 0.0 | 0.0 | 0.0 | 0.0 | 0.0 |
| 乡村旅游 | 0.0 | 0.3 | 0.0 | 0.0 | 0.0 | 0.3 |
| 历史文化 | 0.0 | 8.3 | 0.6 | 1.8 | 0.0 | 10.7 |
| 科技教育 | 0.0 | 0.0 | 0.0 | 0.0 | 0.0 | 0.0 |
| 红色旅游 | 9.2 | 0.4 | 0.1 | 0.0 | 0.0 | 9.7 |
| 工业旅游 | 0.0 | 0.0 | 0.0 | 0.0 | 0.0 | 0.0 |
| 度假休闲 | 0.0 | 10.4 | 0.0 | 0.0 | 0.0 | 10.4 |
| 博物馆 | 0.0 | 0.0 | 0.0 | 0.0 | 0.0 | 0.0 |
| 其他 | 3.1 | 0.0 | 0.1 | 0.1 | 0.0 | 3.3 |
| 合计 | 24.9 | 52.7 | 1.6 | 3.2 | 0.0 | 82.4 |

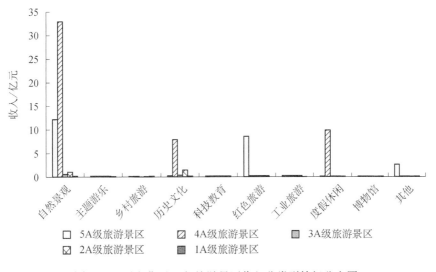

图 13-9  四省藏区 A 级旅游景区收入分类型等级分布图

## 二、旅游景区分项收入

2015 年，餐饮收入是四省藏区 A 级旅游景区的重要来源，总额为 26.9

亿元，占本地区 A 级景区总收入的 32.7%；其次是门票、住宿和交通收入，总额分别为 21.0 亿元、12.0 亿元和 11.8 亿元，占比分别为 25.5%、14.6% 和 14.3%；演艺和其他收入相对较少，分别为 3.5 亿元和 0.6 亿元，占比分别为 4.2% 和 0.7%（图 13-10）。

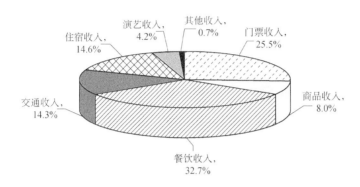

图 13-10　四省藏区 A 级旅游景区收入构成占比图

## （一）分等级收入

四省藏区不同等级 A 级旅游景区总收入构成中，4A 和 5A 级旅游景区总收入所占比重较大，两者共占本地区 A 级景区总收入的 94.2%。其中，4A 级旅游景区收入构成中以餐饮、住宿和交通收入为主，分别为 17.1 亿元、11.0 亿元和 9.4 亿元。5A 级旅游景区以门票、餐饮和交通收入为主，分别是 14.3 亿元、8.4 亿元和 1.8 亿元（表 13-7、图 13-11）。

表 13-7　四省藏区 A 级旅游景区收入构成分等级统计表　　（单位：亿元）

| 景区类型 | 门票收入 | 商品收入 | 餐饮收入 | 交通收入 | 住宿收入 | 演艺收入 | 其他收入 | 合计 |
|---|---|---|---|---|---|---|---|---|
| 5A 级旅游景区 | 14.3 | 0.2 | 8.4 | 1.8 | 0.1 | 0.0 | 0.1 | 24.9 |
| 4A 级旅游景区 | 6.1 | 5.6 | 17.1 | 9.4 | 11.0 | 3.3 | 0.2 | 52.7 |
| 3A 级旅游景区 | 0.4 | 0.1 | 0.5 | 0.2 | 0.2 | 0.0 | 0.2 | 1.6 |
| 2A 级旅游景区 | 0.2 | 0.7 | 0.9 | 0.4 | 0.7 | 0.2 | 0.1 | 3.2 |
| 1A 级旅游景区 | 0.0 | 0.0 | 0.0 | 0.0 | 0.0 | 0.0 | 0.0 | 0.0 |
| 合计 | 21.0 | 6.6 | 26.9 | 11.8 | 12.0 | 3.5 | 0.6 | 82.4 |

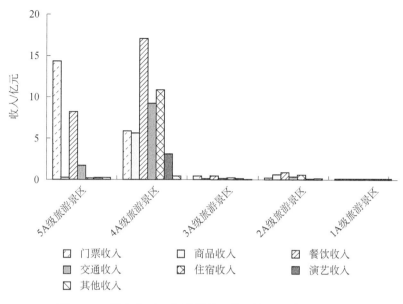

图 13-11　四省藏区 A 级旅游景区收入构成分等级分布图

（二）分类型收入

自然景观类景区收入最高，为 48.0 亿元，主要以门票、餐饮、交通和住宿收入为主，分别为 18.2 亿元、7.4 亿元、7.4 亿元和 7.2 亿元；其次是历史文化、度假休闲类和红色旅游类景区。其中，历史文化类旅游景区以餐饮和住宿收入为主，分别是 5.4 亿元和 2.6 亿元；度假休闲类和红色旅游类景区均是以餐饮收入为主，分别为 5.4 亿元和 8.5 亿元（表 13-8、图 13-12）。

表 13-8　四省藏区 A 级旅游景区收入构成分类型统计表　　（单位：亿元）

| 景区类型 | 门票收入 | 商品收入 | 餐饮收入 | 交通收入 | 住宿收入 | 演艺收入 | 其他收入 | 合计 |
|---|---|---|---|---|---|---|---|---|
| 自然景观 | 18.2 | 5.4 | 7.4 | 7.4 | 7.2 | 2.0 | 0.4 | 48.0 |
| 主题游乐 | 0.0 | 0.0 | 0.0 | 0.0 | 0.0 | 0.0 | 0.0 | 0.0 |
| 乡村旅游 | 0.0 | 0.1 | 0.1 | 0.0 | 0.2 | 0.0 | 0.0 | 0.4 |
| 历史文化 | 0.7 | 0.7 | 5.4 | 1.1 | 2.6 | 0.2 | 0.0 | 10.7 |
| 科技教育 | 0.0 | 0.0 | 0.0 | 0.0 | 0.0 | 0.0 | 0.0 | 0.0 |
| 红色旅游 | 0.0 | 0.2 | 8.5 | 0.7 | 0.2 | 0.0 | 0.1 | 9.7 |
| 工业旅游 | 0.0 | 0.0 | 0.0 | 0.0 | 0.0 | 0.0 | 0.0 | 0.0 |
| 度假休闲 | 0.3 | 0.2 | 5.4 | 1.4 | 1.8 | 1.3 | | 10.4 |

续表

| 景区类型 | 门票收入 | 商品收入 | 餐饮收入 | 交通收入 | 住宿收入 | 演艺收入 | 其他收入 | 合计 |
|---|---|---|---|---|---|---|---|---|
| 博物馆 | 0.0 | 0.0 | 0.0 | 0.0 | 0.0 | 0.0 | 0.0 | 0.0 |
| 其他 | 1.8 | 0.0 | 0.2 | 1.2 | 0.0 | 0.0 | 0.1 | 3.3 |
| 合计 | 21.0 | 6.6 | 26.9 | 11.8 | 12.0 | 3.5 | 0.6 | 82.4 |

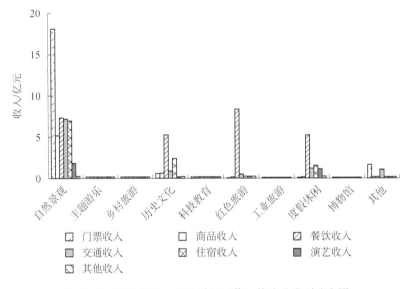

图 13-12　四省藏区 A 级旅游景区收入构成分类型分布图

## 三、旅游景区投资

2015 年，四省藏区 A 级旅游景区总投资为 20.7 亿元，占中国贫困地区 A 级旅游景区总投资的 6.9%，景区平均投资为 2463.3 万元。其中景区内部建设投资为 16.8 亿元，外部建设投资为 3.9 亿元。

从景区等级来看，2015 年 4A 级旅游景区建设总投资最多，为 15.6 亿元，占四省藏区所有 A 级旅游景区当年建设总投资的 75.4%。从景区类型来看，自然景观类和度假休闲类景区的总投资较多，分别是 13.7 亿元和 3.3 亿元（表13-9）。

从景区等级和类型综合来看，自然景观类景区中4A级旅游景区的建设投资最多，达12.0亿元；度假休闲类景区中也是4A级旅游景区的建设投资较多，为2.3亿元（图13-13）。

表13-9　四省藏区 A 级旅游景区建设投资分类型等级统计表（单位：亿元）

| 景区类型 | 5A 级旅游景区 | 4A 级旅游景区 | 3A 级旅游景区 | 2A 级旅游景区 | 1A 级旅游景区 | 合计 |
|---|---|---|---|---|---|---|
| 自然景观 | 0.9 | 12.0 | 0.3 | 0.5 | 0.0 | 13.7 |
| 主题游乐 | 0.0 | 0.0 | 0.0 | 0.0 | 0.0 | 0.0 |
| 乡村旅游 | 0.0 | 0.1 | 0.0 | 0.0 | 0.0 | 0.1 |
| 历史文化 | 0.0 | 1.1 | 0.5 | 0.1 | 0.0 | 1.7 |
| 科技教育 | 0.0 | 0.0 | 0.0 | 0.0 | 0.0 | 0.0 |
| 红色旅游 | 1.2 | 0.1 | 0.4 | 0.0 | 0.0 | 1.7 |
| 工业旅游 | 0.0 | 0.0 | 0.0 | 0.0 | 0.0 | 0.0 |
| 度假休闲 | 0.0 | 2.3 | 1.0 | 0.0 | 0.0 | 3.3 |
| 博物馆 | 0.0 | 0.0 | 0.0 | 0.0 | 0.0 | 0.0 |
| 其他 | 0.2 | 0.0 | 0.0 | 0.0 | 0.0 | 0.2 |
| 合计 | 2.3 | 15.6 | 2.2 | 0.6 | 0.0 | 20.7 |

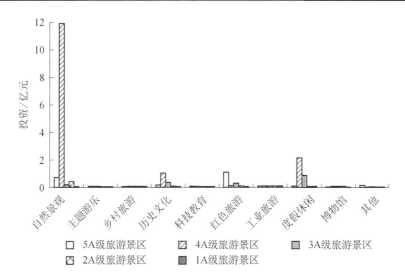

图13-13　四省藏区 A 级旅游景区建设投资分类型等级分布图

<h1 style="text-align:center">第四节　管理与就业</h1>

## 一、经营机构

2015 年，四省藏区 A 级旅游景区经营机构共 84 家，共分三种类型。其中企业类经营机构最多，为 58 家；其次是事业单位类型经营机构 20 家；行政单位类型经营机构数量较少，为 6 家（图 13-14）。

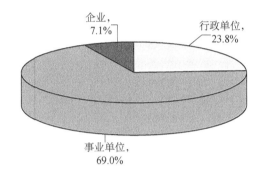

企业，7.1%　行政单位，23.8%　事业单位，69.0%

图 13-14　四省藏区 A 级旅游景区经营管理机构数量分布图

## 二、就业情况

2015 年，四省藏区 A 级旅游景区固定就业人数共计 8487 人，占全国贫困地区 A 级旅游景区固定就业总人数的 6.5%，景区平均就业 101.0 人；临时（季节性）就业为 5428 人次。其中，4A 级旅游景区固定就业人数最多，为 6723 人，占四省藏区 A 级旅游景区固定就业总人数的 79.2%（表 13-10）。

表 13-10　四省藏区 A 级旅游景区固定用工分等级统计表

| 景区等级 | 5A 级旅游景区 | 4A 级旅游景区 | 3A 级旅游景区 | 2A 级旅游景区 | 1A 级旅游景区 | 合计 |
|---|---|---|---|---|---|---|
| 固定用工人数/人 | 1262 | 6723 | 171 | 331 | 0 | 8487 |
| 比例/% | 14.9 | 79.2 | 2.0 | 3.9 | 0.0 | 100.0 |

从景区类型看，自然景观类景区的固定就业人数最多，为 6961 人，占本地区 A 级旅游景区固定就业总人数的 82.0%；其次是乡村旅游类和历史文化类景区，固定就业人数分别为 474 人和 449 人，分别占本地区 A 级旅游景区固定就业总人数的 5.6% 和 5.3%。其中，自然景观类景区以 4A 和 5A 级固定就业人数较多，分别为 5777 人和 862 人；乡村旅游类景区仅包括 4A 级，固定就业人数为 474 人；历史文化类景区以 4A 级固定就业人数较多，为 360 人（表 13-11、图 13-15）。

**表 13-11　四省藏区 A 级旅游景区固定用工分类型等级统计表**（单位：人）

| 景区类型 | 5A 级旅游景区 | 4A 级旅游景区 | 3A 级旅游景区 | 2A 级旅游景区 | 1A 级旅游景区 | 合计 |
|---|---|---|---|---|---|---|
| 自然景观 | 862 | 5777 | 83 | 239 | 0 | 6961 |
| 主题游乐 | 0 | 0 | 0 | 0 | 0 | 0 |
| 乡村旅游 | 0 | 474 | 0 | 0 | 0 | 474 |
| 历史文化 | 0 | 360 | 16 | 73 | 0 | 449 |
| 科技教育 | 0 | 0 | 0 | 0 | 0 | 0 |
| 红色旅游 | 212 | 31 | 29 | 0 | 0 | 272 |
| 工业旅游 | 0 | 0 | 0 | 0 | 0 | 0 |
| 度假休闲 | 0 | 81 | 28 | 16 | 0 | 125 |
| 博物馆 | 0 | 0 | 0 | 0 | 0 | 0 |
| 其他 | 188 | 0 | 15 | 3 | 0 | 206 |
| 合计 | 1262 | 6723 | 171 | 331 | 0 | 8487 |

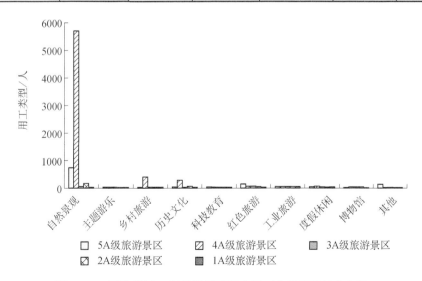

图 13-15　四省藏区 A 级旅游景区固定用工分类型等级分布图

## 三、导游情况

2015 年四省藏区 A 级旅游景区导游总数为 574 人，占全国贫困地区 A 级旅游景区导游总数的 5.9%，景区平均导游数量为 6.8 人。其中 4A 和 5A 级旅游景区导游人数较多，分别为 409 人和 91 人，分别占四省藏区 A 级旅游景区导游总量的 71.3% 和 15.9%（表 13-12、图 13-16）。

**表 13-12　四省藏区 A 级旅游景区导游数量分等级统计表**

| 景区等级 | 5A 级旅游景区 | 4A 级旅游景区 | 3A 级旅游景区 | 2A 级旅游景区 | 1A 级旅游景区 | 合计 |
|---|---|---|---|---|---|---|
| 导游人数/人 | 91 | 409 | 47 | 27 | 0 | 574 |
| 比例/% | 15.9 | 71.3 | 8.2 | 4.7 | 0.0 | 100.0 |

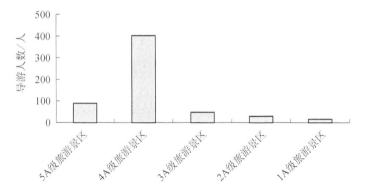

图 13-16　2015 年四省藏区 A 级旅游景区导游人员分等级分布图

# 第十四章

## 新疆南疆三地州 A 级旅游景区发展情况

新疆南疆三地州（表 14-1）主要指喀什地区、和田地区、克孜勒苏柯尔克孜自治州，主要涵盖这三个地区的 24 个县（市、自治县），总面积 48.22 万平方公里，占全区总面积的 29.1%。该区是集边境地区、民族地区、高原荒漠地区、贫困地区于一体的集中连片特殊困难地区，是国家新一轮扶贫攻坚主战场之一。该区周边分别与印度、巴基斯坦、阿富汗、塔吉克斯坦、吉尔吉斯斯坦五国接壤，边境线总长 2335 公里，占全区边境线总长的 41.7%，有 9 个边境县市，占全区 32 个边境县市的近 1/3。该区现有 5 个国家一类口岸，可以直接通往中亚和南亚国家。维吾尔族是当地的主要民族，另有柯尔克孜、塔吉克族等 20 余个少数民族。

该区拥有众多的历史遗址、独特的大漠绿洲风光和绚丽浓郁的少数民族风情，是新疆最重要的旅游景区之一，拥有丝绸之路世界文化遗产，以及喀什噶尔古城景区、金湖杨国家森林公园 2 个国家 5A 级旅游景区。

表 14-1　　新疆南疆三地州行政区划　　　　　（单位：个）

| 自治区 | 自治州（地区） | 县（市、自治县） |
|---|---|---|
| 新疆维吾尔自治区（24） | 克孜勒苏柯尔克孜自治州 | 阿图什市、阿克陶县、阿合奇县、乌恰县 |
| | 喀什地区 | 喀什市、疏附县、疏勒县、英吉沙县、泽普县、莎车县、叶城县、麦盖提县、岳普湖县、伽师县、巴楚县、塔什库尔干塔吉克自治县 |
| | 和田地区 | 和田市、和田县、墨玉县、皮山县、洛浦县、策勒县、于田县、民丰县 |

# 第一节　数量与门票价格

　　2015 年，新疆南疆三地州 A 级旅游景区共计 55 家，占贫困区 A 级景区总量的 5.0%，占全国 A 级景区总量的 0.7%。

## 一、等级构成

　　新疆南疆三地州 5A 级旅游景区 2 家，占该区 A 级旅游景区总量的 3.6%；4A 级旅游景区 5 家，占比为 9.1%；3A 级旅游景区 14 家，占比为 25.5%；2A 级旅游景区 30 家，占比为 54.6%；1A 级旅游景区 4 家，占比为 7.3%（图 14-1）。

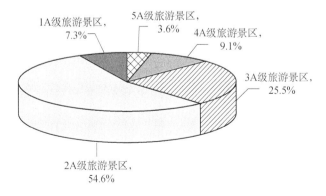

图 14-1　新疆南疆三地州 A 级旅游景区分等级分布图

## 二、类型构成

新疆南疆三地州 A 级旅游景区以自然景观类数量最多，共计 20 家，占该区 A 级景区总数的 36.4%；其次是历史文化类景区，共计 12 家，占比为 21.8%；紧随其后的是乡村旅游类景区，为 6 家，占比为 10.9%；博物馆类景区数量最少，仅为 1 家，占比仅为 1.8%。无科技教育类景区（图 14-2）。

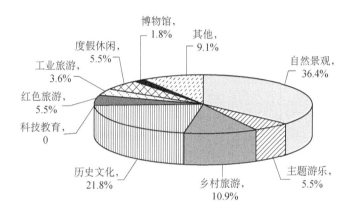

图 14-2　新疆南疆三地州 A 级旅游景区分类型分布图

从景区等级和类型来看，自然景观类中 2A 级旅游景区数量最多，共计 12 家，其次是 3A 级旅游景区，共计 4 家；历史文化类中也是 2A 级旅游景区数量最多，共计 6 家，其次是 3A 级旅游景区，共计 4 家（表 14-2、图 14-3）。

表 14-2　新疆南疆三地州 A 级旅游景区数量分类型等级统计表（单位：家）

| 景区类型 | 5A 级旅游景区 | 4A 级旅游景区 | 3A 级旅游景区 | 2A 级旅游景区 | 1A 级旅游景区 | 合计 |
|---|---|---|---|---|---|---|
| 自然景观 | 1 | 2 | 4 | 12 | 1 | 20 |
| 主题游乐 | 0 | 0 | 2 | 1 | 0 | 3 |
| 乡村旅游 | 0 | 0 | 3 | 2 | 1 | 6 |
| 历史文化 | 1 | 1 | 4 | 6 | 0 | 12 |
| 科技教育 | 0 | 0 | 0 | 0 | 0 | 0 |
| 红色旅游 | 0 | 0 | 0 | 2 | 1 | 3 |
| 工业旅游 | 0 | 1 | 0 | 0 | 1 | 2 |
| 度假休闲 | 0 | 0 | 1 | 2 | 0 | 3 |

续表

| 景区类型 | 5A 级旅游景区 | 4A 级旅游景区 | 3A 级旅游景区 | 2A 级旅游景区 | 1A 级旅游景区 | 合计 |
|---|---|---|---|---|---|---|
| 博物馆 | 0 | 0 | 0 | 1 | 0 | 1 |
| 其他 | 0 | 1 | 0 | 4 | 0 | 5 |
| 合计 | 2 | 5 | 14 | 30 | 4 | 55 |

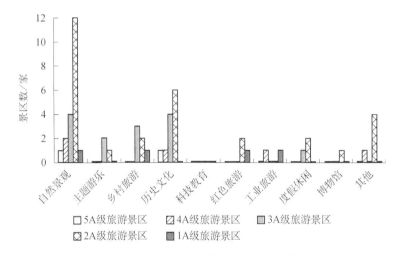

图 14-3　新疆南疆三地州 A 级旅游景区分类型等级分布图

## 三、门票价格

2015 年，新疆南疆三地州 55 家 A 级旅游景区的门票价格总计 856 元，平均门票价格为 15.6 元，较全国平均水平低了 15.4 元。

从景区等级来看，5A 级旅游景区的平均门票价格最高，达到 42.5 元；其次是 4A 和 3A 级景区，平均门票价格分别为 31.0 元和 18.3 元；2A 级景区的平均门票价格相对较低，为 11.3 元；1A 级景区平均门票价格最低，为 5.0 元（表 14-3）。

表 14-3　2015 年新疆南疆三地州 A 级旅游景区门票价格分等级统计表

| 景区等级 | 门票价格总额/元 | 景区数量/家 | 平均门票价格/元 |
|---|---|---|---|
| 5A 级旅游景区 | 85 | 2 | 42.5 |
| 4A 级旅游景区 | 155 | 5 | 31.0 |

续表

| 景区等级 | 门票价格总额/元 | 景区数量/家 | 平均门票价格/元 |
|---|---|---|---|
| 3A级旅游景区 | 256 | 14 | 18.3 |
| 2A级旅游景区 | 340 | 30 | 11.3 |
| 1A级旅游景区 | 20 | 4 | 5.0 |
| 合计 | 856 | 55 | 15.6 |

从类型来看,2015 年新疆南疆三地州历史文化类和自然景观类景区的平均门票价格相对较高,分别为 20.0 元和 19.8 元;其次是乡村旅游类、主题游乐类其他类和工业旅游四类景区,平均门票价格分别为 14.2 元、11.9 元、11.0 元和 10.0元;红色旅游类、度假休闲类两种类型景区的平均门票价格相对较低,分别为 6.7元和 1.7 元;博物馆类景区的平均门票价格最低,目前为 0(表 14-4)。

**表 14-4　2015 年新疆南疆三地州 A 级旅游景区门票价格分类型统计表**

| 景区类型 | 门票价格总额/元 | 景区数量/家 | 平均门票价格/元 |
|---|---|---|---|
| 自然景观 | 395 | 20 | 19.8 |
| 主题游乐 | 36 | 3 | 12.0 |
| 乡村旅游 | 85 | 6 | 14.2 |
| 历史文化 | 240 | 12 | 20.0 |
| 科技教育 | 0 | 0 | 0.0 |
| 红色旅游 | 20 | 3 | 6.7 |
| 工业旅游 | 20 | 2 | 10.0 |
| 度假休闲 | 5 | 3 | 1.7 |
| 博物馆 | 0 | 1 | 0.0 |
| 其他 | 55 | 5 | 11.0 |
| 合计 | 856 | 55 | 15.6 |

# 第二节　游客接待量

2015 年,新疆南疆三地州 A 级旅游景区游客总接待量为 208.7 万人次,占全国贫困地区 A 级旅游景区接待总量的 0.5%,其中政策性免票人数为 111.6万人次,景区平均接待量为 3.8 万人次。

## 一、分等级接待量

2015 年，新疆南疆三地州 A 级旅游景区游客接待量以 2A 级旅游景区最多，共计 70.6 万人次，占新疆南疆三地州 A 级旅游景区游客接待总量的 33.8%；其次是 3A 和 4A 级旅游景区，游客接待量分别为 68.4 万人次和 42.1 万人次，占比分别为 32.8% 和 20.2%；5A 级旅游景区游客接待量相对较少，接待人数为 25.6 万人次，占比为 12.3%；1A 级旅游景区游客接待量最少，仅为 2.0 万人次，占比为 1.0%（图 14-4）。

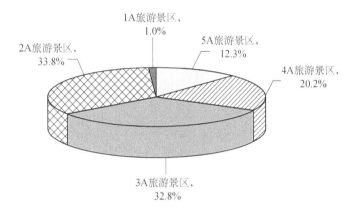

图 14-4　新疆南疆三地州 A 级旅游景区游客接待量分等级分布图

## 二、分类型接待量

2015 年，新疆南疆三地州不同类型 A 级旅游景区游客接待量差异较大，其中自然景观类景区游客接待量最多，为 90.0 万人次，占新疆南疆三地州 A 级旅游景区接待总量的 43.1%；其次是历史文化类和主题游乐类景区，游客接待量分别为 42.8 万人次和 37.7 万人次，占比分别为 20.5% 和 18.1%；度假休闲类与博物馆类旅游景区游客接待量最少，分别为 3.5 万人次和 0.6 万人次，占比分别为 1.7% 和 0.3%（图 14-5）。

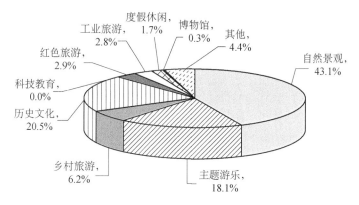

图 14-5　新疆南疆三地州 A 级旅游景区游客接待量分类型分布图

从景区类型和等级综合来看，自然景观类以 4A 级旅游景区的游客接待量
最多，共计 31.2 万人次，其次是 2A 级旅游景区，游客接待量共计 29.9 万人
次；历史文化类中 3A 级旅游景区游客接待量最多，共计 21.4 万人次，其次是
2A 级旅游景区，游客接待量共计 12.9 万人次；主题游乐类中 3A 级旅游景区
游客接待量最多，共计 37.3 万人次（表 14-5、图 14-6）。

表 14-5　新疆南疆三地州 A 级旅游景区游客接待量分类型等级统计表（单位：万人次）

| 景区类型 | 5A 级旅游景区 | 4A 级旅游景区 | 3A 级旅游景区 | 2A 级旅游景区 | 1A 级旅游景区 | 合计 |
|---|---|---|---|---|---|---|
| 自然景观 | 22.5 | 31.2 | 6.1 | 29.9 | 0.3 | 90.0 |
| 主题游乐 | 0.0 | 0.0 | 37.3 | 0.4 | 0.0 | 37.7 |
| 乡村旅游 | 0.0 | 0.0 | 3.2 | 9.2 | 0.6 | 13.0 |
| 历史文化 | 3.1 | 5.4 | 21.4 | 12.9 | 0.0 | 42.8 |
| 科技教育 | 0.0 | 0.0 | 0.0 | 0.0 | 0.0 | 0.0 |
| 红色旅游 | 0.0 | 0.0 | 0.0 | 5.9 | 0.2 | 6.1 |
| 工业旅游 | 0.0 | 5.0 | 0.0 | 0.0 | 0.9 | 5.9 |
| 度假休闲 | 0.0 | 0.0 | 0.4 | 3.1 | 0.0 | 3.5 |
| 博物馆 | 0.0 | 0.0 | 0.0 | 0.6 | 0.0 | 0.6 |
| 其他 | 0.0 | 0.5 | 0.0 | 8.6 | 0.0 | 9.1 |
| 合计 | 25.6 | 42.1 | 68.4 | 70.6 | 2.0 | 208.7 |

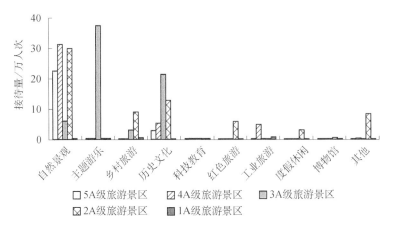

图 14-6 新疆南疆三地州 A 级旅游景区游客接待量分类型等级分布图

# 第三节 收入与投资

## 一、旅游景区总收入情况

2015 年，新疆南疆三地州 A 级旅游景区旅游总收入为 1.6 亿元，占全国贫困地区 A 级景区旅游总收入的 0.2%，景区平均收入为 298.2 万元。

### （一）分等级收入

2015 年新疆南疆三地州 A 级旅游景区总收入以 4A 级旅游景区最高，共计 1.2 亿元，占该地区 A 级景区总收入的 75.0%；其次是 5A 级旅游景区，景区总收入共计 1462.0 万元，占比为 9.1%；2A 和 3A 级旅游景区收入相对较少，仅 978.3 万元和 871.8 万元，占比分别为 6.1% 和 5.5%；1A 级旅游景区收入最少，为 713.3 万元，占比为 4.5%（图 14-7）。

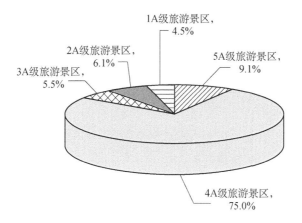

图 14-7 新疆南疆三地州 A 级旅游景区收入分等级占比图

## （二）分类型收入

从景区类型看，2015 年新疆南疆三地州 A 级旅游景区中自然景观类的收入位居榜首，达到 1.3 亿元，占全区 A 级景区总收入的 81.3%；其次是乡村旅游类、工业旅游类和历史文化类景区，景区收入分别为 758.2 万元、717.8 万元和 704.4 万元，占比分别为 4.7%、4.5%、4.4%；红色旅游类和博物馆类景区的收入最少，目前均为 0（图 14-8、表 14-6）。

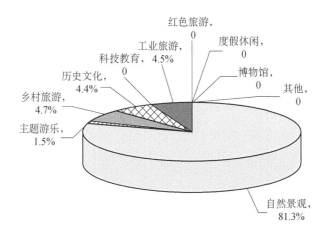

图 14-8 新疆南疆三地州 A 级旅游景区收入分类型分布图

从景区类型和等级综合（图 14-9）来看，自然景观类景区中 4A 级旅游景区收入最多，景区收入为 1.2 亿元，5A 级旅游景区次之，为 0.1 亿元。乡村旅游类景区中 2A 级旅游景区收入最多，为 665.6 万元；工业旅游类景区中 1A 级旅游景区收入最多，为 618.7 万元；历史文化类景区中 3A 级旅游景区收入最多，为 410.4 万元。

表 14-6　新疆南疆三地州 A 级旅游景区收入分类型等级统计表（单位：亿元）

| 景区类型 | 5A 级旅游景区 | 4A 级旅游景区 | 3A 级旅游景区 | 2A 级旅游景区 | 1A 级旅游景区 | 合计 |
|---|---|---|---|---|---|---|
| 自然景观 | 0.1 | 1.2 | 0.0 | 0.0 | 0.0 | 1.3 |
| 主题游乐 | 0.0 | 0.0 | 0.0 | 0.0 | 0.0 | 0.0 |
| 乡村旅游 | 0.0 | 0.0 | 0.0 | 0.1 | 0.0 | 0.1 |
| 历史文化 | 0.0 | 0.0 | 0.1 | 0.0 | 0.0 | 0.1 |
| 科技教育 | 0.0 | 0.0 | 0.0 | 0.0 | 0.0 | 0.0 |
| 红色旅游 | 0.0 | 0.0 | 0.0 | 0.0 | 0.0 | 0.0 |
| 工业旅游 | 0.0 | 0.0 | 0.0 | 0.0 | 0.1 | 0.1 |
| 度假休闲 | 0.0 | 0.0 | 0.0 | 0.0 | 0.0 | 0.0 |
| 博物馆 | 0.0 | 0.0 | 0.0 | 0.0 | 0.0 | 0.0 |
| 其他 | 0.0 | 0.0 | 0.0 | 0.0 | 0.0 | 0.0 |
| 合计 | 0.1 | 1.2 | 0.1 | 0.1 | 0.1 | 1.6 |

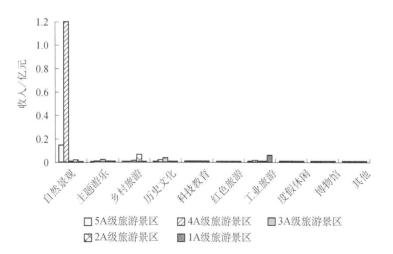

图 14-9　新疆南疆三地州 A 级旅游景区收入分类型等级分布图

## 二、旅游景区分项收入

2015 年，餐饮收入是新疆南疆三地州 A 级旅游景区的重要来源，总额为 0.6 亿元，占本地区 A 级景区总收入的 37.5%；其次是商品、交通、门票和住宿收入，总额分别为 0.4 亿元、0.2 亿元、0.2 亿元和 0.2 亿元，占比分别为 25.0%、12.5%、12.5%和 12.5%；其他和演艺收入相对较少，分别为 394.8 万元和 117.8 万元，占比分别为 2.5%和 0.7%（图 14-10）。

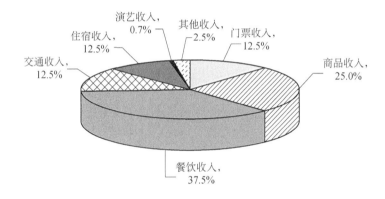

图 14-10　新疆南疆三地州 A 级旅游景区收入构成分布图

### （一）分等级收入

新疆南疆三地州不同等级 A 级旅游景区总收入构成中，4A 和 5A 级旅游景区总收入所占比重较大，两者共占本地区 A 级景区总收入的 81.25%。其中，4A 级旅游景区收入构成中以餐饮、商品、交通和住宿收入为主，分别为 0.5 亿元、0.3 亿元、0.2 亿元和 0.2 亿元。5A 级旅游景区以门票和其他收入为主，分别是 588.0 万元和 233.6 万元（表 14-7、图 14-11）。

**表 14-7 新疆南疆三地州 A 级旅游景区分等级收入构成统计表**（单位：亿元）

| 景区类型 | 门票收入 | 商品收入 | 餐饮收入 | 交通收入 | 住宿收入 | 演艺收入 | 其他收入 | 合计 |
|---|---|---|---|---|---|---|---|---|
| 5A 级旅游景区 | 0.1 | 0.0 | 0.0 | 0.0 | 0.0 | 0.0 | 0.0 | 0.1 |
| 4A 级旅游景区 | 0.0 | 0.3 | 0.5 | 0.2 | 0.2 | 0.0 | 0.0 | 1.2 |
| 3A 级旅游景区 | 0.1 | 0.0 | 0.0 | 0.0 | 0.0 | 0.0 | 0.0 | 0.1 |
| 2A 级旅游景区 | 0.0 | 0.0 | 0.1 | 0.0 | 0.0 | 0.0 | 0.0 | 0.1 |
| 1A 级旅游景区 | 0.0 | 0.1 | 0.0 | 0.0 | 0.0 | 0.0 | 0.0 | 0.1 |
| 合计 | 0.2 | 0.4 | 0.6 | 0.2 | 0.2 | 0.0 | 0.0 | 1.6 |

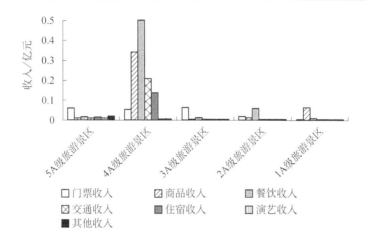

图 14-11 新疆南疆三地州 A 级旅游景区收入构成分等级分布图

## （二）分类型收入

自然景观类景区收入比重较大，为 1.3 亿元，主要以餐饮、商品、交通和住宿收入为主，分别为 0.5 亿元、0.3 亿元、0.2 亿元和 0.2 亿元；其次是乡村旅游类、历史文化类和工业旅游类景区，乡村旅游类景区以餐饮收入为主，为 590.8 万元；历史文化类景区以门票收入为主，为 504.1 万元；工业旅游类景区以商品收入为主（表 14-8、图 14-12）。

表 14-8　新疆南疆三地州 A 级旅游景区收入构成分类型统计表　（单位：亿元）

| 景区类型 | 门票收入 | 商品收入 | 餐饮收入 | 交通收入 | 住宿收入 | 演艺收入 | 其他收入 | 合计 |
|---|---|---|---|---|---|---|---|---|
| 自然景观 | 0.1 | 0.3 | 0.5 | 0.2 | 0.2 | 0.0 | 0.0 | 1.3 |
| 主题游乐 | 0.0 | 0.0 | 0.0 | 0.0 | 0.0 | 0.0 | 0.0 | 0.0 |
| 乡村旅游 | 0.0 | 0.0 | 0.1 | 0.0 | 0.0 | 0.0 | 0.0 | 0.1 |
| 历史文化 | 0.1 | 0.0 | 0.0 | 0.0 | 0.0 | 0.0 | 0.0 | 0.1 |
| 科技教育 | 0.0 | 0.0 | 0.0 | 0.0 | 0.0 | 0.0 | 0.0 | 0.0 |
| 红色旅游 | 0.0 | 0.0 | 0.0 | 0.0 | 0.0 | 0.0 | 0.0 | 0.0 |
| 工业旅游 | 0.0 | 0.1 | 0.0 | 0.0 | 0.0 | 0.0 | 0.0 | 0.1 |
| 度假休闲 | 0.0 | 0.0 | 0.0 | 0.0 | 0.0 | 0.0 | 0.0 | 0.0 |
| 博物馆 | 0.0 | 0.0 | 0.0 | 0.0 | 0.0 | 0.0 | 0.0 | 0.0 |
| 其他 | 0.0 | 0.0 | 0.0 | 0.0 | 0.0 | 0.0 | 0.0 | 0.0 |
| 合计 | 0.2 | 0.4 | 0.6 | 0.2 | 0.2 | 0.0 | 0.0 | 1.6 |

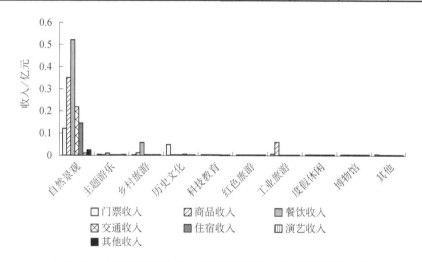

图 14-12　新疆南疆三地州 A 级旅游景区收入构成分类型分布图

## 三、旅游景区投资

2015 年新疆南疆三地州 A 级旅游景区总投资为 2.1 亿元，占中国贫困地区 A 级旅游景区总投资的 0.7%，景区平均投资为 378.3 万元。其中景区内部建设投资为 1.6 亿元，景区外部建设投资为 0.5 亿元。

从景区等级来看，2015 年 3A 级旅游景区建设总投资比重最大，为 1.1 亿元，占新疆南疆三地州所有 A 级旅游景区当年建设总投资的 52.4%。从景区类型来看，主题游乐类和自然景观类景区的总投资比重较大，分别是 1.0 亿元和 0.8 亿元。

从景区等级和类型综合来看，主题游乐类景区中 3A 级旅游景区的建设投资最多，达 1.0 亿元；自然景观类景区中 2A 级旅游景区的建设投资较多，为0.5 亿元（表 14-9、图 14-13）。

表 14-9    新疆南疆三地州 A 级旅游景区建设投资分类型等级统计表（单位：亿元）

| 景区类型 | 5A 级旅游景区 | 4A 级旅游景区 | 3A 级旅游景区 | 2A 级旅游景区 | 1A 级旅游景区 | 合计 |
|---|---|---|---|---|---|---|
| 自然景观 | 0.1 | 0.2 | 0.0 | 0.5 | 0.0 | 0.8 |
| 主题游乐 | 0.0 | 0.0 | 1.0 | 0.0 | 0.0 | 1.0 |
| 乡村旅游 | 0.0 | 0.0 | 0.0 | 0.1 | 0.0 | 0.1 |
| 历史文化 | 0.0 | 0.0 | 0.1 | 0.1 | 0.0 | 0.2 |
| 科技教育 | 0.0 | 0.0 | 0.0 | 0.0 | 0.0 | 0.0 |
| 红色旅游 | 0.0 | 0.0 | 0.0 | 0.0 | 0.0 | 0.0 |
| 工业旅游 | 0.0 | 0.0 | 0.0 | 0.0 | 0.0 | 0.0 |
| 度假休闲 | 0.0 | 0.0 | 0.0 | 0.0 | 0.0 | 0.0 |
| 博物馆 | 0.0 | 0.0 | 0.0 | 0.0 | 0.0 | 0.0 |
| 其他 | 0.0 | 0.0 | 0.0 | 0.0 | 0.0 | 0.0 |
| 合计 | 0.1 | 0.2 | 1.1 | 0.7 | 0.0 | 2.1 |

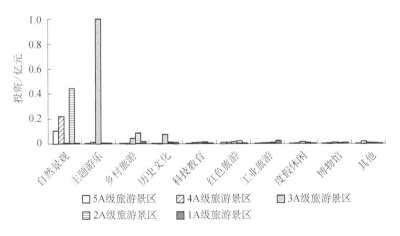

图 14-13    新疆南疆三地州 A 级旅游景区建设投资分类型等级分布图

# 第四节　管理与就业

## 一、经营机构

2015 年,新疆南疆三地州 A 级旅游景区经营机构共 55 家,共分三种类型。其中企业类经营机构最多, 为 34 家;其次是事业单位类型经营机构 17 家;行政单位经营管理数量较少,为 4 家(图 14-14)。

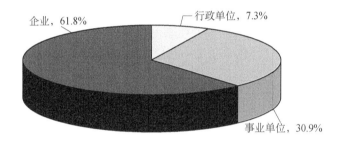

企业, 61.8%　行政单位, 7.3%　事业单位, 30.9%

图 14-14　新疆南疆三地州 A 级旅游景区经营管理机构数量分布图

## 二、就业情况

2015 年, 新疆南疆三地州 A 级旅游景区固定就业人数共计 921 人, 占全国贫困地区 A 级旅游景区固定就业总人数的 0.7%,景区平均就业 16.7 人;临时(季节性)就业为 495 人次。其中, 2A 级旅游景区固定就业人数最多, 为 300 人,占新疆南疆三地州 A 级旅游景区固定就业总人数的 32.6%(表 14-10)。

表 14-10　新疆南疆三地州 A 级旅游景区固定用工分等级统计表

| 景区等级 | 5A 级旅游景区 | 4A 级旅游景区 | 3A 级旅游景区 | 2A 级旅游景区 | 1A 级旅游景区 | 合计 |
|---|---|---|---|---|---|---|
| 固定用工人数/人 | 136 | 238 | 176 | 300 | 71 | 921 |
| 比例/% | 14.8 | 25.8 | 19.1 | 32.6 | 7.7 | 100.0 |

从景区类型看,自然景观类和历史文化类景区的固定就业人数较多, 分

别为 432 人和 135 人，分别占本地区 A 级旅游景区固定就业总人数的 46.9%
和 14.7%。其中，自然景观类景区以 4A 和 5A 级固定就业人数较多，分别为
180 人和 132 人；历史文化类景区以 2A 和 4A 级固定就业人数较多，分别为
62 人和 40 人（表 14-11、图 14-15）。

表 14-11　新疆南疆三地州 A 级旅游景区固定用工分类型等级统计表　（单位：人）

| 景区类型 | 5A 级旅游景区 | 4A 级旅游景区 | 3A 级旅游景区 | 2A 级旅游景区 | 1A 级旅游景区 | 合计 |
|---|---|---|---|---|---|---|
| 自然景观 | 132 | 180 | 26 | 89 | 5 | 432 |
| 主题游乐 | 0 | 0 | 53 | 6 | 0 | 59 |
| 乡村旅游 | 0 | 0 | 28 | 34 | 3 | 65 |
| 历史文化 | 4 | 40 | 29 | 62 | 0 | 135 |
| 科技教育 | 0 | 0 | 0 | 0 | 0 | 0 |
| 红色旅游 | 0 | 0 | 0 | 7 | 3 | 10 |
| 工业旅游 | 0 | 0 | 0 | 0 | 60 | 60 |
| 度假休闲 | 0 | 0 | 40 | 17 | 0 | 57 |
| 博物馆 | 0 | 0 | 0 | 7 | 0 | 7 |
| 其他 | 0 | 18 | 0 | 78 | 0 | 96 |
| 合计 | 136 | 238 | 176 | 300 | 71 | 921 |

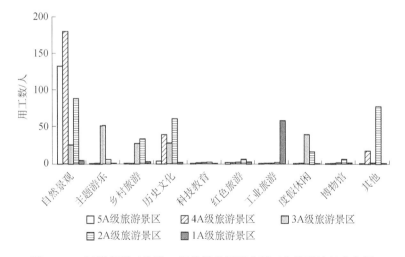

图 14-15　新疆南疆三地州 A 级旅游景区固定用工分类型等级分布图

## 三、导游情况

2015 年新疆南疆三地州 A 级旅游景区导游总数为 100 人，占全国贫困地

区 A 级旅游景区导游总数的 1.0%，景区平均导游数量为 1.8 人。其中 2A 和 5A 级旅游景区导游人数较多，分别为 39 人和 21 人，分别占新疆南疆三地州 A 级旅游景区导游总量的 39.0%和 21.0%（表 14-12、图 14-16）。

表 14-12 新疆南疆三地州 A 级旅游景区导游数量分等级统计表

| 景区等级 | 5A 级旅游景区 | 4A 级旅游景区 | 3A 级旅游景区 | 2A 级旅游景区 | 1A 级旅游景区 | 合计 |
|---|---|---|---|---|---|---|
| 导游人数/人 | 21 | 20 | 18 | 39 | 2 | 100 |
| 比例/% | 21.0 | 20.0 | 18.0 | 39.0 | 2.0 | 100.0 |

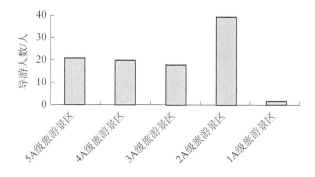

图 14-16 2015 年新疆南疆三地州 A 级旅游景区导游人员分等级分布图